当谎言遇上套路

[德]雅克·纳斯海(Jack Nasher) ◎著

陈琴 ◎译

新世界出版社
NEW WORLD PRESS

Entlarvt!: Wie Sie in jedem Gespräch an die ganze Wahrheit kommen by Jack Nasher
Copyright © 2015 by Jack Nasher
Originally published in 2015 by Campus Verlag GmbH
Simplified Chinese edition Copyright © 2017 by Grand China Publishing House
This translation published by arrangement with Campus Verlag GmbH through Andrew Nurnberg Associates International Limited.

All rights reserved.

No part of this book may be reproduced in any form without the written permission of the original copyrights holder.

本书中文简体字版通过 Grand China Publishing House（中资出版社）授权新世界出版社在中国大陆地区出版并独家发行。未经出版者书面许可，本书的任何部分不得以任何方式抄袭、节录或翻印。

北京版权保护中心引进书版权合同登记 01-2017-0169

图书在版编目（CIP）数据

当谎言遇上套路 /（德）雅克·纳斯海著；陈琴译. -- 北京：新世界出版社，2017.5
ISBN 978-7-5104-6166-8
Ⅰ.①当… Ⅱ.①雅…②陈… Ⅲ.①心理学－通俗读物 Ⅳ.① B84-49
中国版本图书馆 CIP 数据核字 (2017) 第 026485 号

当谎言遇上套路

作　　者：[德]雅克·纳斯海（Jack Nasher）
译　　者：陈　琴
策　　划：中资海派
执行策划：黄　河　桂　林
责任编辑：贾瑞娜
特约编辑：李润华　张　艳
责任印制：李一鸣　刘　榴
出版发行：新世界出版社
社　　址：北京西城区百万庄大街 24 号（100037）
发 行 部：(010) 6899 5968　(010) 6899 8705（传真）
总 编 室：(010) 6899 5424　(010) 6832 6679（传真）
http：//www.nwp.cn
http：//www.nwp.com.cn
版 权 部：+8610 6899 6306
版权部电子信箱：nwpcd@sina.com
印　　刷：深圳市汇亿丰印刷科技有限公司
经　　销：新华书店
开　　本：787mm×1092mm　1/32
字　　数：200 千字　　印　张：8
版　　次：2017 年 5 月第 1 版　2017 年 5 月第 1 次印刷
书　　号：ISBN 978-7-5104-6166-8
定　　价：39.80 元

版权所有，侵权必究
凡购本社图书，如有缺页、倒页、脱页等印装错误，可随时退换。
客服电话：(010) 6899 8638

权威推荐

胡慎之　向日葵心理创办人

　　我们困惑于真相与谎言，多一种解构谎言的能力，那么，我们也就多了一个主动选择的机会。有时候，看破不说破，是一种修为。

张学新　复旦大学心理系教授、著名心理学家

　　本书曝光了专业拆谎技巧，让谎言在生活中无处遁形。

包利民　专栏作家，《读者》《青年文摘》《意林》签约作家，畅销书作家

　　在这利益至上的年代，真话反而成了稀罕物。既然我们不能阻止别人说谎，那就先要学会不上当。

前 言

如何从谎言里读出真相?

> 过了不久,旁边站着的人又对彼得说:"你和他们是一伙的!因为你是加利利人。"彼得就赌咒发誓说:"我不认得你们说的这个人。若有说谎,必遭天谴。"
>
> ——《马可福音》14章70～71节

请想象一个叫本的男人坐在你面前,手铐加身。你刚从同事处获悉,本在某处放置了炸弹,数小时后,可能有成千上万的无辜百姓因此丧生。你确定本知道炸弹的位置,上司赋予你完全的自由:只要能够及时找到炸弹,你可以为所欲为。

一旦成功,你将拯救很多无辜生命,获得同事的尊重,并赢得领导的欣赏。在这孤注一掷的几分钟，你最害怕的就是犯错。那么，你如何才能得知炸弹的具体位置呢？

本书就是要教读者在几分钟内挖掘出真相，在关键时刻做出正确选择，让对方将其所知的信息和盘托出。没机会审问恐怖分子，所以不了解状况？审问的目的是说服某人供出刻意隐瞒的信息。

生活处处需要审问：中介向你隐瞒公寓的重大问题；买房人向你吹嘘自己不凡的事业和稳定的收入；求职者对更换工作的真实原因绝口不提；人力总监承诺的晋升机会虚实难辨；刚满18岁的孩子不告诉你周末需要汽车的真正原因；你想知道对方如何看待你；你不想看到员工在走出你的办公室后，转身告诉其他同事你是个好骗的傻瓜。

地位越高，听到的谎言就越多。某公司的一位董事告诉我，他聘请企业顾问的唯一理由就是希望有人能告知他公司的实际情况。优秀的领导者往往知道，你在什么时候对他撒了什么谎。

我的前一本书《透视谎言》(*Durchschaut*)，主要教人们识别对方是否说谎。我曾以为，在大多数情况下，知道对方在撒谎就足够了。通常来说，这一观点确实是正确的。但我也曾帮助德国不来梅州的刑事警察，在甄别出谋杀案嫌疑人的供词真假后，戳穿其谎言以推进调查。

前言　如何从谎言里读出真相

在日常生活中，人们往往只需辨别谎言。如果意识到商业伙伴或女友企图隐瞒某些事实，我们迟早会结束与他们的关系。在《透视谎言》问世之后的几年里，它使几万名不同职位、不同领域的人士受益，包括董事会成员、企业领导、合规经理、反欺诈经理、审计师、辩护律师、保险调查员、警察、缓刑监督官以及许多其他行业代表。

人们一再问及，如何在戳穿谎言之后获取完整的真相。提出这个问题理所当然。在谈判中，我们希望详细了解客户的备选方案，以推断其选择结果；在工作中，我们想事无巨细地了解员工做了哪些违规之事，以及时规避损失。

据统计，企业因员工的违规行为而蒙受的损失约占总销售额的5%。据美国商会统计，约75%的员工会从企业窃取些什么，而且很多人会一犯再犯。

想知道合伙人是否私吞资金或计划退出吗？想知道你刚刚采访过的政客是否对未来有实际规划吗？想知道你的伴侣昨晚在哪里过夜吗？想知道员工如何看待你吗？想知道孩子是否吸毒吗？如果是，吸食什么毒品，频率有多高？

简而言之，如果你想知道完整真相，我们将为你奉上详尽的步骤。本书不仅讲述如何识别谎言，还能帮你挖掘谎言背后的真相，完完整整的、唯一的真相。

我们再回到本的炸弹事件上。你该怎么做？是礼貌地询问炸弹位置，还是威胁？或者严刑拷打？美国相关部门在2001年的"9·11"恐怖袭击后，以自己的方式回答了上述问题。它们的答案是强化审问法，即被美化过的刑讯。

然而，在性命攸关的时刻，难道不是任何手段都可以接受吗？难道成千上万的无辜生命还不如一个杀人犯重要吗？

在听说我的书与专业的刑讯方法相关时，许多认识我的人都半开玩笑地说（真的只是半开玩笑），他们已经在期待我的"水刑指南"了。老实说，在孤注一掷的情境下，难道我们不会重新利用效果良好的传统刑讯方法吗？刑讯难道不是获取真相的最佳方法吗？

正如心理学家兰迪·布拉姆所说："有一个合理的假设，你向一个人施加的痛苦越多，他就越容易屈服。"我深入研究了布拉姆的假设，以探寻挖掘真相的最佳手段（不经修饰，不追求政治正确）。

刑讯是探究真相最有意义的手段吗？如果是，我们就面临一个问题，因为刑讯并不适用于日常，而且与主流道德观不符。但我们真的要在讨论有效的审问方法时，对刑讯避而不谈吗？在你读下去之前，我想提醒的是，如果你特别敏感，请跳过下一节内容。

严刑逼供？OUT！

2002年11月，为了对美国审问员进行关于未来任务的培训，数位心理学家同时光临美国的监狱。心理学家推荐了各种不同的审问技巧，比如现在臭名昭著的水刑。

水刑中，受审者会被绑在倾斜10°～15°的平板上，双腿朝上，整个面部（包括眼睛、鼻子和嘴巴）被毛巾蒙住。最后，从15～45厘米的高度向受审者被蒙住的脸上倒水，每次时长不超过40秒。受审者会产生溺水的感觉，因而产生惊慌和对死亡的恐惧。其他审问方法包括剥夺睡眠、数小时站立、心理折磨及无法忍受的噪声等。

这些听起来没有令你感到害怕吗？美国审问员托尼·拉戈拉尼斯还会挑衅地问受审者："你曾经跪过多长时间？还记得站起来时浑身有多僵硬吗？你能坚持把手拷在背上多长时间？你经历过的最低温度是多少？沙漠里稀薄、干燥的空气温度会低至零下40摄氏度。如果只穿一件单薄的内衣待在这种温度环境下，你能坚持多久？你能坚持多久不睡？极度渴望睡眠的感觉，你还记得吗？"

审问的目的是让受审者和盘托出他所知的一切信息。支持严刑逼供的人虽承认这种方法强硬冷酷，但也认为它行之有效。

事实上,"强硬"一词用在这里太过温和。被严刑逼供的受审者通常会终生挣扎于创伤中,受抑郁、精神病等折磨,自杀者不在少数。

为什么会发生如此残暴之事?"9·11"事件后被运用的刑讯方法究竟有何背景?美国当局的抽屉里难道还躺着写有相应步骤的计划书吗?在一定程度上,答案是肯定的。

几十年前开始,美国就为其士兵和间谍设计了"SERE训练①"项目,旨在培训他们应对抓捕和刑讯的能力。美国CIA的审问员格雷恩·卡尔回忆自己的SERE训练时说道:到最后,我连白天黑夜都无法分辨了。

我被迫在震耳欲聋的噪声中保持清醒。我能听到其他房间传来的叫喊声和哭声。布料被慢慢撕裂的声音、爆炸声以及婴儿的哭喊声使我耳朵生疼。有时,我必须头戴风帽贴墙而立,而且是很长很长时间。还有时,我必须把自己强塞进狭窄的盒子里,坐立不能。

"刑讯的痛苦让我理智模糊,以至我第一次无法分辨,什么时候自己停下来了,什么时候外面的世界开始了。这一切都在攻击我的理智,无休无止。我的意识中除了黑暗、寒冷、迷茫、

---

① Survive Evasion Resistance and Escape 训练,即生存、躲避、抵抗和逃脱训练,也称战俘训练。——译者注

疼痛、恐惧之外，别无他物。"

格雷恩·卡尔也许从未想过，自己有朝一日会亲身体会这些方法。因为美国不仅给这些方法贴上刑讯的标签，而且惩罚了刑讯逼供者（二战后，美国因此将日本人判为战犯），认为这些方法无效且无意义。

然而，2001年的"9·11"事件后，美国彻底推翻了这一观点。令格雷恩·卡尔觉得不可置信的是，两位心理学家——詹姆斯·米契尔和布鲁斯·杰森向美国CIA毛遂自荐，担任新型审问方法的顾问。但事实上，这些方法只不过是SERE训练的延伸，只是施受双方互换而已。突然之间，击打腹部和关进小黑盒等手段成为了家常便饭，当然还有水刑。

效果如何呢？美国军队审问员克里斯·麦凯在担任多年审问职务后，言简意赅地总结道："生理折磨和刑讯，与有效的审问毫无关系。刑讯是野蛮的，残暴的，不道德的，也是无效的。"

终于，这种令人极度恐惧的刑讯方法被官方明令禁止。2009年1月22日，美国总统奥巴马在上任第二天签署的文件中规定，CIA使用的军队刑讯方法必须得到许可。但与奥巴马在竞选时的承诺不同，他没有追究任何人的责任。

我们能从上述内容中得出什么结论呢？那就是刑讯并非获取真相的有效手段。所有人都可以松一口气了。没有人必须为了获取真相而成为刑讯者的帮凶。问题是，如果将刑讯完全划出审问方法之列，我们还能通过哪些方法达到目的呢？

高明的提问，攻心为上

第一本将刑讯排除在外的审问手册，出版于 1940 年，是为美国士兵准备的 30 页的小册子。手册中提到，"相比恐吓，一根香烟或一杯咖啡往往能挖出更准确、更关键的信息"，但这令人们觉得它介绍的技巧很不成熟。后来，这本单薄的手册逐渐得以扩展，最后发展成为著名的 Army FM 2-22.3，即美国现在所用的《军队审问手册》。

《军队审问手册》禁止使用暴力，倡导使用心理手段。其引言中便透露了大量信息："应将使用暴力与使用心理技巧、语言技巧和其他非暴力、无强迫的技巧严格区分。"

世界上最传奇的审问手册也许要数《库巴克反间谍审问指南》（简称《库巴克审问指南》）了。库巴克是美国 CIA 总部在弗吉尼亚州兰利市的化名。该指南由美国 CIA 从 20 世纪 60 年代开始编写，到 80 年代才完成，并在 1997 年美国政府发起的审问自由行动背景下公开。

《库巴克审问指南》最初为应对敌国情报部门，尤其是冷战时的共产主义国家的情报部门而制定。

一方面，指南中包含稀奇古怪的技巧，比如，审问者提出完全无逻辑的问题，并不断改变声音和重音使受审者怀疑自己的意识。另一方面，它也涉及一些完全适用于日常的问讯技巧。后者正是我将在本书深入探讨的重点。

美国联邦调查局（FBI）也有一本审问手册，但属于最高机密。我们运气不错，因为曾在FBI反恐部门工作的一位负责人，在2013年犯了一个"惊天大错"：他以个人而不是组织的名义获得了这本绝密的、近70页的手册的版权，并将其寄给华盛顿国会图书馆。这本手册在那里存放了数月，在此期间，所有对其感兴趣的读者都有机会细细品读。

因此，我们今天得知了FBI使用的审问技巧，结合了CIA的《库巴克审问指南》和世界最著名的警察审问技巧——里德审问法。我们拥有丰富的资源，总结出在日常生活中挖掘真相的最佳手段。

仔细观察警察的审问后，我发现，没有任何地方比警察局的审问更多。对全世界的警察而言，审问都是家常便饭。相比军队和情报部门，警察局的工作更加透明。

在警察局，我获取了一些有趣的数据：不管在哪个国家，罪犯招供的比例为40%～60%；女性招供的概率（72%）明显高于男性（52%），但遗憾的是，近85%的被捕者为男性。

我们当然可以怀疑，在可以进行DNA分析的时代，审问是否还有必要。如果真相就在试管里，现代警察为什么还要与罪犯谈话？与电视剧不同，现实中，在案发现场搜集到的指纹、DNA痕迹或作案痕迹往往较少。事实上，只有大约10%的刑事案件中会搜集到明确证据。因此，高明的审问仍是犯罪调查的核心。

我们可以运用一系列审问技巧从罪犯口中撬出真相。其中，里德审问法的效果卓著，被FBI以及全世界的情报部门、军队和警察局广泛使用。然而，里德审问法颇受争议。

2014年夏天，当我在柏林司法精神病学和夏里特心理学大会上提倡里德审问法时，会场一片哗然。

为什么听众会如此反应？因为与会的报告人，包括德国著名司法心理学家君特·可因肯在内，都认为里德审问法"只比水刑好一点点"，他们担心里德审问法会制造出假供词。关于这一点，我们会在后文中详谈。

无论如何，里德审问法囊括了目前为止应用最广的审问技巧。它完全摒弃暴力，单纯依靠心理技巧。这意味着什么？

前言　如何从谎言里读出真相

案例直击

美国黑手党的隐瞒

20世纪20年代,芝加哥是美国黑手党和许多其他黑帮的发源地。1929年2月14日,著名的"情人节大屠杀案"正是发生于此。

当时,一辆黑色轿车驶入 S-M-C 搬运公司的大院。事实上,这是一家由爱尔兰黑帮 North Side Gang 开设的皮包公司。几名身着警服的男子从车上下来,声称要进行大搜捕,因而他们没有遇到任何抵抗。院子里,5个爱尔兰黑帮分子倚墙而立,耐心地等在那里。

出人意料的是,这些自称警察的男子突然拿起手中的冲锋枪,射穿了这5个爱尔兰黑帮分子的身体。这是一次冷血的处决。一名叫作法兰克·谷森贝尔格的男子身中14枪仍未死亡。

当急救医生和调查员赶到现场追问凶手时,谷森贝尔格却回答说:"没有人朝我开枪。"这样说的不仅是他,其后所有的受审者都保持沉默。这严重阻碍了调查,拉长了破案时间。

因为怀疑凶手收买了警察,所以调查员极其详尽地分析了每颗子弹。为了能够使用最先进的科学方法分析刑事证据，他们还特意在美国西北大学设立了科学刑侦实验室（SCDL）。

通过指纹和击发武器分析，借助更先进的测谎仪分析受审者的口供，这场大屠杀的真相终于水落石出：这起案件源于美国黑手党与一个爱尔兰黑帮之间的冲突。SCDL实验室因此一举成名。

1940年，SCDL实验室迎来一名新员工，约翰·E.里德。他是爱尔兰裔警察，当时即将辞去警察职务，却在辞职前一个月改变主意并调至SCDL实验室。里德当时30岁，身强体壮，大学时代曾是德保罗大学足球队的后卫。

也许对其他警察而言，身体暴力和恐吓威胁似乎是家常便饭，但里德从不这样。在他加入SCDL实验室之前，曾有3名黑人在密西西比州被警察严刑拷打，直到他们承认谋杀了一名白人农场主。1936年，美国最高法院就该案明确表示，通过施加酷刑得到的供词在法庭上毫无价值。

里德大学本科学习的是法学专业，对于犯罪学工作兴致盎然。他深信借助巧妙的审问技巧能够最有效地获得供词。来到SCDL实验室不久，他就开始专攻测谎仪并为此开展了一系列实验，比如，制作更易感知受审者紧张颤抖的测谎仪。

此外，他还发现了使用测谎仪的一条核心提问技巧——对比提问。我们将在下一章对此做详细介绍。里德的一位同事在回忆里德与受审者打交道的场景时说道："他如牧师一般握着受审者的手，说道：'你应该真正地说出潜藏在灵魂最深处的东西。'"

里德协助侦破了近300起谋杀案，说服过5 000多名盗窃犯。他语气轻柔地进行了无数次审问，有时还会走进监狱，追问被宣判者当初招供的原因。

里德认为，被问及真相时，人们的行为总是如出一辙："每个罪犯都像是读了同一本教他们如何暴露自己的教科书。"因此，他发现并总结了许多审问技巧，这就是后来著名的里德审问法。

里德审问法具体如何操作呢？第一步，进行一次面谈，观察受审者是否有说谎的迹象。若结果显示受审者所言非实，那么紧随其后的是以下三个步骤。

首先，无论你是否掌握了证据，都要明确而笃定地告知受审者，你已掌握一切必要证据，他的一切争辩都将徒劳无功。这一步被称为"最大化"（"我们已经知情"）。

其次，假装理解受审者，为他着想，并最小化其罪责，以

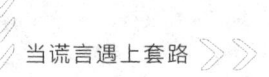

避免他因害怕承担后果而拒不认罪。这一步被称为"最小化"("任何人处在你的位置上都会这样做")。

最后,打消受审者的疑虑,让他明白供认是当下的最佳选择("你是多年的惯犯还是仅此一次没管住自己呢?"),抽走受审者抵抗供认的最后一丝理智。

里德审问法是多种心理技巧的巧妙结合:很显然,当人们相信对方已掌握证据时,会更有可能坦白事实;随后,表面上为受审者的行为辩护,给他一个台阶下;最后,充分利用人性中追求最佳选择的特点使其招供。

里德如此形容这一方法:"事实上,这里介绍的审问技巧与上门推销产品的原则相似。审问者的产品就是真相。像推销订阅报纸的小伙子一样,一个成功的审问者也要推销真相。"

里德及其导师弗雷德·英鲍不断系统化他们的理论,在经过20年的经验积累之后,他们师徒二人发表了著作《刑事审问和供认》(Criminal Interrogation and Confessions)。该书一经出版,立即取得了巨大成功,被奉为"审问圣经"。《纽约时报》(The New York Times)称这本书"影响着半个世纪以来警察审问训练的文化"。

里德总结的审问技巧如此有效,以至于美国最高法院以此为由做出了"米兰达判决"①。自那以后,警察有义务在抓捕嫌疑人时告知其权利(比如,"你有权保持沉默……"),以保护嫌疑人不受里德审问法的影响。科学研究也表明该审问法的成功率高达85%。

用审讯专家的技巧挖掘真相

现在回到本的炸弹案中。假设你是本,确实在某处放置了一枚炸弹,因为你想为妻子和3个孩子的无故丧生报仇。你认为自己的生命已经毫无意义,并做好承受世界上一切痛苦的准备,包括心理上的折磨。每一位新增的牺牲者,都让你离被残忍杀害的家人更近一步。

在你几乎期待严刑拷打的时候,审问者却坐到你身边,解开你的手铐,给你倒了一杯水。他告诉你,他早已掌握了足够的证据。不仅如此,他接下来的举动更让你目瞪口呆:他开始谈论身为老百姓的很多痛苦,谈论过去几年中社会的诸多不公,以及政府颁布的政策很不合理等。

---

① 米兰达判决,源自1963年美国亚利桑那州的一个案件。虽然米兰达在判决前对其犯罪行为供认不讳,并签下供认状,但后来在狱中多次向美国联邦最高法院上诉,并最终成功使判决无效。——译者注

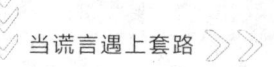

紧接着,审问者说每个人都能理解你的愤怒和无助,"但是,"他又朝你挪近几分,"你难道真的是一个冷血杀手吗?还是一位只因走投无路而误入歧途的丈夫?"

现在的你是不是更有可能坦白从宽?以这种方式,你完全不必理会刑讯涉及的道德伦理问题。无论你的道德指针偏向何处,心理技巧都远比生理折磨更加有效。当然,心理技巧需要灵活运用。

现在,假设你已掌握了世界上最有效的审问技巧。假设你管理着一家银行,发现有人盗取了2 000欧元。嫌疑人是某位女员工,除此之外,任何人都没有接触钱箱的可能。她在银行工作多年且一直很可靠。那么,作为她的同事,你将如何在办公室审问她?

蹩脚的审问者会对这名女员工大吼大叫,让她感到害怕;中等水平的审问者会花上几小时,对她动之以情晓之以理;最优秀的审问者则会坐到她身边,并给她递上一杯咖啡,开始与她闲聊。

你要让这位女职员尽可能多说话,讲讲她的工作和个人生活。同时,认真聆听并注意她的言语中有没有潜在的动机。她是否有金钱上的困扰?是否无法忍受其直属上司?最后,看着她的眼睛,清楚而笃定地告诉她:"是你取走了这笔钱。"

前言 如何从谎言里读出真相

当对方想反驳时,你可以轻抬手臂打断她:"先听我说完。办公室主管看到你出现在钱箱旁,我们只需等他过来便真相大白了。你一直都很可靠,工作一直很出色,但我也认识你的同事,了解他们是如何对待你的。因此,我十分理解你。我相信,如果处在你的位置上,每个人都不会放过这样的机会。"

"你知道吗,其实我们本可以省去这次谈话,直接用证据证明一切,但我很期望你利用这次机会,从个人角度谈谈这件事。这样一来,我们就不必只看冰冷的证据。所以我想问你,你把钱拿走,是因为你已行窃多年,还是因为觉得受到了不公平的对待而只做了这一次呢?"

你现在能确保万无一失地听到真相吗?不。但如果只有一条道路能够通往真相,那就是这条。专业审问人员的审问技巧与日常生活中的审问有什么关系呢?F1 职业赛车与你的汽车有什么关系呢?

最快的速度、完美的行车稳定性能和最短的制动距离,决定了 F1 赛车手对工作态度的要求要远高其他领域。这里不允许任何差池,必须找到最佳技巧。

情报部门、军队和警察局的审问同样如此。来自顶尖领域的知识对于平民百姓而言也价值连城。正如在审问中人性心理能被巧妙利用一样,专业的审问知识同样能够普遍适用。

即使书中涉及审问者和受审者这样的字眼，但其所指不只是嫌疑恐怖分子和麻木不仁的警察，而是你，是领导者、人事经理、采购员、保险调查员、审计师、合规经理、法官、警察局官员、律师、记者、伴侣和父母。

这本书关注的是，你如何才能在关键时刻避免犯错，并掌握全部真相。经过几十年的研究，以及对警察局、军队、情报部门的实践技巧总结，我发现，行为面谈法、内容分析法以及里德审问法等，在探索真相时效果惊人。此外，很多优秀的审问专家也发明了不少前所未有的私人方法。简而言之，本书囊括了最有效的审问方法，并从中总结出能广泛应用于日常生活的拆谎技巧。

目 录
Contents

第1章 撬开"金口"前,准备好正确的问题

为什么有人可以一两句话就让对方从实招来?怎样让守口如瓶的人滔滔不绝?如何打破尴尬的局面,让对方主动交代?读完本章后你将学会如何撬开对方的嘴!

常识并不能帮你识破谎言 007

中立式开场白:别急着站上道德高地 012

目的问题:你觉得我们为什么要谈话? 018

条件反射问题:把犯罪事实夹在问题里 020

直接问题:成功率高达95%的"第一技巧" 023

对比问题:放松的人更可能是说谎者 027

开放式问题:细节越多,谎言暴露得越快 031

连续性问题:追问到对方无谎可撒 039

钓鱼式问题:提问者也可以虚张声势 049

动机问题和怀疑问题:识破说谎者放出的"烟幕弹" 055

惩罚问题:表示宽容?说不定是怕自己受罚 059

收场:4个小问题完美收官 061

别带着偏见与情绪去提问 064

xxi

第 2 章 "谎"路对峙，胜在气势

小时候，爸爸还没张嘴问，你就赶紧承认你偷吃了糖果；长大后，老师只是盯着你的眼睛，就让你说出了没交作业的真实原因；现在，陌生人也能牵着你的鼻子走了。

他们究竟是如何做到的？本章将教会你如何"以势压人"，让你变得跟他们一样犀利。

射人先射马，擒贼先调查　084

"以势压人"——不冒充将军的士兵不是好士兵 087

以柔克刚，攻破"否认"之墙　092

任你巧言善辩，我自岿然不动　098

拆谎如戏，全靠演技　100

先说的奖励，后说的遭殃　107

谁动了我的蛋糕和香槟？　110

掌握"空城计"，拆谎破强敌　113

目 录

第3章 为嫌疑人找理由，百炼钢化绕指柔

嫌犯本想招供，却因为警察的拳脚相加而决定死撑到底；女友本想主动认错，挽回你们之间的关系，却在听到你的冷言冷语之后改变了初衷。生活中，我们为这些问题伤透了脑筋。那么，何不为对方找个理由，让他/她主动说出真相呢？

欲得真相，先找理由　124

 倘若天堂有路，你走不走？　138

  抽丝剥茧，不见真相不撒手　148

  坦白和抗拒之间，只差一个理由　153

第 4 章　关系处得好，坦白少不了

都什么年代了还在严刑逼供？如果和对方建立关系，也许一杯咖啡就能解决问题。

你想知道如何让孩子说真话吗？想知道怎么唱好"红脸"和"黑脸"吗？想知道怎样轻松地让对方主动坦白吗？赶紧翻开本章去寻找答案吧！

建立关系第一步，环境是基础　166

　恐吓一无所获，和善大有作为　170

　　"吹"出真相　177

　　　别把对方惹毛了　183

　　"你的同伴已经出卖你了"　185

　　唱好"黑脸"和"红脸"　187

　关系做纽带，仇人也坦白　191

目 录

第 5 章　拆穿谎言——生活从来离审问不远

生活中其实处处充斥着谎言。因此，从审问中提炼的拆谎技巧，在我们的日常生活中也应用广泛。随着你拆谎技能的逐步点亮，也许你会慢慢发现，生活从来离审问不远。

放下你的"傲慢与偏见"　204

附　录　CIA 的性格分类：测测你是哪种人　213
致　谢　226

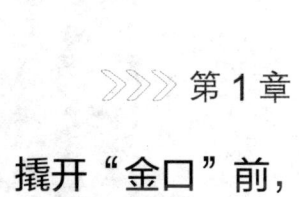

第 1 章

撬开"金口"前，准备好正确的问题

为什么有人可以一两句话就让对方从实招来？怎样让守口如瓶的人滔滔不绝？如何打破尴尬的局面，让对方主动交代？读完本章后你将学会如何撬开对方的嘴！

法国启蒙思想家　伏尔泰

评价一个人，要看他如何提出问题，而不是如何解答。

第1章　撬开"金口"前，准备好正确的问题

1950年，洛杉矶国际机场。一位名叫约翰·亨利·格兰特的31岁男子，穿过层层闸口跑到一架正在装载行李、准备起飞的飞机前。

一位机场工作人员正要将一只行李箱放进行李舱，但发现箱子一角是湿的，并且散发出汽油味儿。此时，箱子已经冒出烟来，工作人员迅速将它扔到地面并去拿灭火器。

此刻格兰特突然出现，试图将箱子抢走。行李箱争夺战开始了，最后格兰特成功，带着箱子奔向他的车子，在那儿被安保人员制服。他哭喊着："我做不到！"

究竟怎么回事？原来，格兰特的妻子即将带着他们的两个孩子，乘坐这趟航班飞往圣迭戈，而他在妻子的行李箱里放置了一枚炸弹。

不出意外的话，炸弹将在飞行途中爆炸。他的妻子和孩子以及其他乘客都将在爆炸中粉身碎骨。为什么他要这么做？格兰特想跟新女友结婚，开始新生活。至于他为何不通过离婚解决这个问题，原因至今不明。无论如何，他此后确实开始了新生活，只不过是在监狱中。

年纪稍长的人都还记得，最早的飞机恐怖袭击被称作"行李箱炸弹"。在客运航班刚刚诞生的时候，坐飞机和搭公交车一样简单。到达机场，乘车到滑行道，拾级登上飞机。与此同时，飞行员会环绕飞机进行例行检查，确保没有故障即可起飞。

虽然后来飞行安全防护措施逐年加强，但真正重大的变化发生在"9·11"事件后。机场对乘客的检查极其详尽，并开始实行一些不同寻常的规定，比如，手提行李中携带的液体不能超过100毫升，液体必须装入透明塑料瓶中，登机前需要脱掉鞋子配合检查。你很难发现这些规定背后真正的含义。

美国审问专家内森·高登和威廉·弗莱舍说："我们所有的安保措施看起来都像是条件反射。在过去的60年中，只有一家航空公司的做法完全正确，即以色列航空公司。虽然有很多人尝试劫机，但只有1968年那次成功了。"

以色列航空公司脱颖而出的秘诀究竟是什么？一位我培训过的以色列航空公司安全专家告诉我："我们的许多员工能够

第1章　撬开"金口"前，准备好正确的问题

分析大量警示信息，比如，该乘客是否只身一人？他几乎没有任何行李吗？他的衣着是否过于崭新？"

其实，最主要的原因在于，以色列航空拥有一批接受过审问培训的员工，他们会向乘客提出一系列特殊问题，如开放式问题、诱供式问题、行为诱发性问题。这些问题往往能够诱使意图不轨的乘客做出典型反应。

以色列航空公司安全监测的基本理念十分简单，即说谎者对特定问题的反应往往异于常人（说真话的人）。获得真相的关键在于正确的提问技巧。在过去几年里，我一再发现，人们往往会忽略正确提问的重要性。

我曾在"揭穿谎言"专题讨论课以及电视节目《奇迹世界》中，进行过"谁是盗贼"的练习：

请学员从盒子中抽出一张纸条并离开房间。然后，该名学员在出门时打开纸条，看到"偷"或"不偷"的信息指示。如果提示为"偷"，则他需要前往我的办公室，从我挂在衣帽间的夹克衫口袋里拿出一个信封，从中拿走一张面值为10欧元的纸币，然后将信封放回原处。

若纸条上的提示为"不偷"，则学员只需在走廊上转上几圈。待他重回房间，没有人知道他是否进行了偷

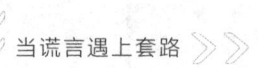

盗行为。最后，无论学员是否无辜，都需要坐在受试者面前，向对方证明自己不曾偷盗，而受试者必须辨别他是否撒谎。

假设你也参与了这个练习，而且必须对"嫌疑人"进行审问。你会问哪些问题？如果你想不出太多问题，也不必太过沮丧，因为大多数人跟你一样。我们往往会直接而频繁地问："你有拿那笔钱吗？"同样地，在日常生活中，人们也往往会直接而频繁地问伴侣："真的一切正常吗？"

这听起来可能像套话，但成功的审问确实源于正确的问题。在我的认知中，想出这样的问题绝非易事，即使在现代审问学中，也属于最艰难的任务之一。

我们无法根据剧本审问，也无法完全按计划行事。《库巴克审问指南》中写道："即便如此，你也必须进行一小半或一大半的计划……不计代价的横冲直撞会彻底抹杀成功的机会，即使你之后采用了正确的方法。"

因此，无论是为了识别潜在的无目标杀人犯（如我为德国警察培训而拟定的"危险雷达"问题），还是为了知道10岁的侄子今天偷吃了几块蛋糕，正确的问题和计划都十分必要，这也是本章的主题。

第1章 撬开"金口"前，准备好正确的问题

常识并不能帮你识破谎言

美国西北大学坐落于芝加哥一个名为埃文斯顿的密歇根湖畔小城。20世纪50年代，著名法学教授弗雷德·英鲍在给学生上刑法课时，突然，一名手持匕首的男子冲入教室，将弗雷德撞倒在地，并抢下他的行李箱，仓皇而逃。

然而，弗雷德的反应却出奇地镇定，他迅速起身，并让学生拿出纸张记下对该男子的描述。原来，这次抢劫案纯属一次表演，弗雷德想要证明证人的证词有多不可靠。果然，其结果显示，学生们对该男子的描述相差甚远。根据描述，该男子身高为1.67～1.98米，发色为黑色或金色，裤子为蓝色牛仔裤或棕色灯芯绒裤。

西北大学是美国最优秀的大学之一。弗雷德·英鲍在这里教授刑法课程逾40年，他的人生道路非同寻常。弗雷德1909年出生于美国新奥尔良市，那年新奥尔良遭遇了飓风袭击，造成数百人丧生。

弗雷德的父亲是一名贫穷的船坞工人，可能是19世纪中叶德国迁至新奥尔良西部的移民后代。他有一次问父亲，如何才能变得富有，父亲告诉他，最好成为一名律师。

弗雷德是名好学生，成功考入西北大学法学院。由于贫穷，

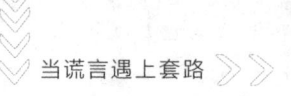

弗雷德还未到达芝加哥，便开始四处寻找兼职，最后在上文提过的SCDL实验室做科研助理。

5年后，即1938年，该实验室并入芝加哥警察局，29岁的弗雷德被提拔为新的实验室主任。弗雷德仍在西北大学任教，但并非刻板的学术派，反而常常与警察处于同一战线。他外号"警察弗雷德"，并始终不虚此名。

法学院曾发生过一系列小型盗窃案。弗雷德在漆黑一片的办公室里埋伏了一整夜，直到有人把门打开。弗雷德跳起来，追着作案者跑了一整栋楼，最后终于在一名学生的帮助下抓到作案者。

在SCDL实验室工作时，弗雷德很快便注意到他的同事里德，并越来越频繁地透过审问室的玻璃观察里德的审问过程。虽然只年长里德1岁，弗雷德却成了里德的导师，帮助他系统整理审问笔记，总结每天的审问经验。

弗雷德如儿时所愿地当了几年律师，但很快重返西北大学，获得教授席位，并在此任教40余年，直至1977年退休。退休后，他主要忙于写作，发表了大量文章，并出版了18本著作。1998年，他以89岁的高龄与世长辞。

20世纪40年代，里德用测谎仪进行了数以百计的谎言测试，并发明了行为分析访谈法。这是一种诱使撒谎的受审者做

第1章　撬开"金口"前，准备好正确的问题

出典型举动的提问系统，目的在于确定对方所言是否属实。由于各种法律规定禁止使用测谎仪，该提问系统的地位逐渐上升。经过不断改良，到最后，行为分析访谈法的效果之佳反而让测谎仪相形见绌。

然而，里德总结的撒谎者特征已经被超越了。现在，我们对于一个人何时说了真话，何时说了假话，有了许多更确切的认识。在《透视谎言》一书中，我已对此作了详细说明，因此，本章只介绍实践中的重要技巧。

如前文所述，你的常识对于识别谎言的作用微乎其微。事实上，我们很不善于识别谎言。但识别各种生活场景中的谎言十分重要，如何才能做到？通常情况下，我们会进行尝试和犯错学习。换言之，就是在惨痛的教训中成长。

幼年时，我们无数次站起来，又再次摔倒，然后矫正姿势，直到最后真正学会走路。识别谎言时，我们不会得到特定的反馈。如果对方选择当着我们的面撒谎，事后他并不会告诉我们真相。

没人会在撒谎几分钟后说："啊，我刚刚骗了你。你有察觉到我的肢体语言有多僵硬吗？"我们只会在很长时间以后，通过浮出水面的真相真正识别谎言。但到那时，我们可能已经想不起来撒谎者当时的肢体语言和具体说辞了。因此，即使是

法官，也极少能够当场揭穿谎言。

生活不是法庭秀，证人不会出现在宣判的最后一刻，作案者不会崩溃地号啕大哭，所有人也不会抱作一团。我曾在电视节目中遇到过这种表演：我拆穿观众的谎言，观众立即将真相和盘托出。遗憾的是，现实生活并非电视节目，和盘托出的情况也不会屡屡碰到。

除了没有反馈，识别谎言之所以困难重重，还有另外一个关键原因——我们进化成了出色的说谎者。在灰色的远古时代，没有当下的各种惩罚方式，只有死刑。哪怕只是犯了微小的错误，人们也会被打死或驱逐出部落（这在当时无异于死亡）。

在那样的时代，只有最出色的说谎者才能存活。所以，我要恭喜正在读本书的你，你和我一样，都是最出色的说谎者的后代。

我们从小时候就开始学习说谎。在我小的时候，孩子们学会的第一个词大多是"汽车"，而如今的孩子学会的第一个词可能是"手机"，而说谎者学会的第一个句子可能是"不是我干的"，并一直牢记到成年。我们就这样成了经验老到的说谎者，而不是谎言识别者。

我们往往会安慰自己，真相早晚会以某种形式浮出水面。中世纪的骑士为争夺领主手中的统治权而相互斗争。他们认为，

第1章　撬开"金口"前，准备好正确的问题

合法之人将胜出。他们相信上帝的安排，相信上帝会帮诚实的人取得胜利。

实际上，酒吧斗殴者是"上帝安排说"的最后捍卫者。无法免俗的是，这种斗殴的胜负往往会决定柜台旁的女士将成为谁的女朋友。这固然是胡闹，但却早已深入人心。

现代知识对于识别谎言更为重要。如果将其与行为分析访谈法的正确提问搭配使用，这些知识的作用将非同小可。此外，还有脱胎于英国警方成功经验的、更具智慧的"和平模式"：将认知访谈法和以实践为导向的"模糊访谈法"相结合。换言之，在本书中，你将收获最有效的提问技巧。

我们马上进入本书的重头戏。这里介绍的典型访谈将持续30～45分钟。访谈最好在咖啡馆或散步中不经意间进行。如果你想在正式的环境中访谈，比如办公室，就应该正对受访者而坐，保持1.5米左右的距离。

如有需要，你也可以在对方每次回答后做笔记。这样做有两个优点：一方面，你可以保存下书面资料，全面而具体地记录所有信息；另一方面，你也可以放慢进程，避免遗漏任何重要信息。

虽然下面的步骤按顺序进行效果最佳，但除了开场白以外，其余问题都可以灵活调整，随机应变。

中立式开场白：别急着站上道德高地

访谈开始前，你需要让谈话对象在办公室门口或咖啡馆里等待几分钟。这样，你一出现便可获得意义重大的第一印象。因为无辜者往往为这次谈话做好了准备，几乎迫不及待地想摆脱受到的一切指责。

过错者通常会陷入沉思，以致于连你的到来都未曾察觉。每一场成功的访谈都伴随一段开场白，我们要透过开场白告知对方这场谈话的主题，表明自己的中立立场，并让对方明白，如有谎言则一定会被拆穿。以下为典型的开场白：

1. 此次谈话是关于××事件。无论我审问谁，无论他做了什么，对我而言都不重要，唯一重要的是他所说的必须是真相。

2. 有些问题的答案我已经知晓。不论你是否无辜，我都会找出真相。但如果我发现你在一些小细节上没有完全说实话，那么我之后在重要的问题上也不会信任你。因此，你要告诉我全部的真相，这一点至关重要。

如果谈话主题是很私人的事件，则开场白如下：

第1章 撬开"金口"前，准备好正确的问题

我明白，要坦白一些私人的事情很难，毕竟我们不是很熟。你可以把我当作能够与你谈论敏感事件的心理医生。

请勿一开场就使用指责性的语言。例如不要说"偷"，而要说"拿"；不要说"骚扰"，而要说"表现出兴趣"。我们只需描述客观行为，不必带任何道德或司法评价，比如，"我们来聊聊收银台里钱消失的问题"。

因为一旦你使用指责性的语言，对方马上就会锁上心门。在感觉自己受辱时，对方往往更难坦白。尤其有可能的是，对方内心已经为自己的行为进行了充分辩护，以至于他认为对自己的指控完全错误。如此，嫌疑人便会将自己造假账的行为视作维权，而不是诈骗，因为他已经加了好几个月的班了。事件拖得越久，嫌疑人对自己行为的美化程度越高。因此，我们应尽快审问嫌疑人。

为了让自己的表现看起来不像指责，还有一个有效的方法：无论被提问者是不是头号嫌疑人都不要告诉他，要让对方觉得自己只是众多被提问者中的一个。

你必须表现得像个专家

关键在于向对方证明你的目的不是折磨他,而是找出真相。开场白之后,你要向对方保证,你完全有能力找出真相。为什么这样做?因为这样可以增强过错者的恐惧感,降低无辜者的恐惧感。

在谈话中,过错者和无辜者都会感到恐惧,但原因大相径庭。过错者害怕被揭穿,而无辜者则担心不被信任。在两者身上,我们还经常能感觉到愤怒的情绪。过错者的愤怒往往是假装的,而无辜者的愤怒非常真实,也不那么令人惊讶。毕竟,谁喜欢被冤枉呢?

假设你将公司的重要信息泄露给了竞争对手,而你将在几分钟后被我盘问。如果事先有人告诉你,我是零失误的拆谎专家,你会感觉怎样?如果心中有鬼,那么你的恐惧感可能大幅增强,你会更愿意招供,或释放出信号,能令我一眼看穿你的恐惧。如果你是无辜的,你会变得更放松,因为你确信,这样一位专家将马上证明你的无辜。让对方确信真相一定能够水落石出,是揭穿谎言的一个基本技巧,因为说谎者会因此变得紧张,而无辜者则变得放松。

如何才能有效地增强对方的恐惧感?开场白的表述很重要。此外,你还可以将本书放在书桌上的显眼位置。一家大型

第1章 撬开"金口"前，准备好正确的问题

房地产公司的老总曾告诉我，多年以来，他一直将《透视谎言》摆在书桌上。访客经常问他这本书是关于什么的，他会友好地告诉他们，揭穿谎言是他的一大爱好。如今，他自信在谈话中很少受骗，即使有，也能及时识别谎言。

即使不想大肆夸奖自己的能力，也请至少不要太过于谦虚。千万不要说："虽然我阅人能力不佳，但还是要进行这样的谈话。"如果你这样说，会发生什么？过错者会松一口气，因为他心想："这个绣花枕头肯定无法看穿我的诡计。"无辜者则会变得紧张，因为他更加担心被冤枉。

在寻求真相的能力方面，请不要谦虚。不要对对方说的所有话点头，也不要说"这真的是他干的？太不可思议了！"之类的话。否则，你就相当于告诉对方，你相信了他，而你完全没有明辨是非的能力。永远不要表露你的惊讶，即使内心惊讶得连下巴都掉了。

正如《军队审问手册》中所写："当他们感觉审问员已经获悉自己所说的信息时，很多人会知无不言。如果审问员表现得很惊讶，受审者可能会立即停止说话"。真正优秀的审问员能将这些技巧灵活运用在生活的各个领域。

阿隆·雷斯审问过德国纳粹高官阿道尔夫·艾希曼。雷斯的儿子这样描述他："小时候，我不可能瞒得住他任何事情。

他只要看着我,我就觉得他洞悉一切了,我最好马上坦白。很多人都有这样的感觉,包括成年人。"

总而言之,你要通过正确的开场白,向被审问者表明你的中立态度,让他明白,你迟早会拆穿他的诡计。

迷你测谎仪:说谎者最普遍的生理反应

假设你正在巴黎度假,跟朋友吃过饭,正愉快且微醺地闲逛。接近午夜,你准备独自返回酒店,但突然察觉有人在几米开外尾随你。你只能看到一道模糊的身影。你加快脚步,听到尾随者也加快脚步。这时,你的身体会有什么反应?你完全从微醺状态清醒过来,并更加仔细地探听和观察,以准确识别潜在危险。

你心跳加速,热血沸腾,随时准备战斗或逃跑。你口干舌燥,因为消化系统此时不能满足身体所需。你瞳孔放大,以捕捉更多光亮,同时拓宽视野。你开始起鸡皮疙瘩,汗毛倒竖,身体膨胀,让你看起来变得更具威胁性,就像猫一样。你呼吸加快,为即将来临的战斗做准备。这些反应自原始社会起就被写入人类身体本能的自卫程序当中。这时,尾随你的陌生人转弯,钻进自己的汽车。危险解除,你的身体状况恢复正常。

恐惧的信号很容易识别。但说谎者能感受到恐惧吗?你只

第 1 章 撬开"金口"前，准备好正确的问题

需回忆一下上一次撒谎时的感受便可知道。如果你从未说过谎，也可以问问某位熟人的感受。

学术界将我们说谎时所担心的后果分为两种：实际后果和个人后果。实际后果指的是看得见摸得着的处罚，比如拘捕、罚款、失业等非常现实的后果。个人后果是指说谎者的羞耻感。

大约12岁时，有一次我跟家人在西班牙的沙滩度假。当时我在市场上买了一把弹弓，在酒店前的沙滩上将石子一颗颗射进大海。这不难，我很快就感到无聊，因为什么也没有发生。换言之，即使那些石子在水下引起了巨大波动，我也没得到什么。我转过身，朝着酒店的方向射石子。酒店与沙滩相距甚远，但几颗石子过后，传来巨大的声响——玻璃碎了。

我的母亲走过来问："是你干的吗？""不，不是我。"我在那一刻感受到了学术界所说的两种恐惧，一方面，我害怕实际后果，即用我可怜的5马克零花钱分期赔偿玻璃；另一方面，谎话尚未出口，我就感到了成为说谎者的羞耻感。我害怕母亲眼皮颤抖地看着我，然后心想："这么多年我才知道，原来我竟养了一条毒蛇。"

如何识别恐惧？现在，仔细观察上述身体反应特征。首先，想象一些令你恐惧的东西，比如考试、疾病、分离等。发生了什么？你的脸上出现恐惧的表情，即使那极其细微。你会眼睛

睁大，嘴巴微开，嘴角下拉。这种恐惧的表情是人类天生的，无论你处于怎样的文化环境。此外，恐惧也会导致一些语言特征，如停顿、结巴、重复或提高音量等。

正是因为这些身体反应特征的存在，我们能用直觉判断对方有没有恐惧感。这意味着，即使你没有明确的证据，也能将这些身体讯号作为揭穿谎言的有力根据。很不幸的是，我的母亲是一位天才，当天就拆穿了我的谎言。

目的问题：你觉得我们为什么要谈话？

目的问题就是询问受审者为什么被审问，即"你觉得我们今天为什么要谈话？"。

无辜者可能会立即两手一拍，清楚地回答："你想知道我对于这起盗窃案知道些什么。"或者更明确地说："当然是因为我属于嫌疑人之一，因为我是最后离开办公室的人。"无辜者不会用模棱两可的话混淆视听。无辜者不害怕提到事件的名称，如盗窃、强奸、诈骗等。

相反，过错者往往会掩饰。他们的回答含糊不清，比如在办公室失窃案中可能会回答："也许你想知道办公室发生了什么事情？"

第1章 撬开"金口"前，准备好正确的问题

美国审问员克里斯·麦凯曾在阿富汗进行无数次审问。开始审问时，他往往会问："你觉得士兵为什么进入你的住宅？"如果受审者声称不知道，麦凯会回答："那就想出点什么来"，然后等待对方的回答。遗憾的是，人们在审问过程中最常听到的回答就是"我不记得了"。当然不是每个人都能记得所有事，但这样的回答往往是赤裸裸的谎言。

麦凯以一次审问为例，解释了为什么这种方法如此有效："它首先能避免经常被受审者拿来当盾牌的标准答案'我不知道'。你可以说'既然不知道那就想点什么出来'，这样他们就不得不说点什么。这是受审者有选择权的最后一件事，也是每位审问员的最高目标。"

麦凯还说："同时，人们会应用一种思维技巧——关于士兵为什么进入他的宅子。目的问题乍看起来没什么杀伤力，但事实上，立即将我们带入事情的核心。受审者的问题在于，他不知道士兵掌握了多少信息，因此，会绞尽脑汁地想。"

这个原则不但适用于军队审问，也适用于日常生活。比如，当业务员两手空空地从客户那里回来，没有与客户达成任何订单时，老板可以先发制人地问他："你觉得我为什么要叫你来我的办公室？"这样提问可以避免员工模棱两可的回答，尤其当他确实有过错时。

总而言之，在每次谈话开始时询问受审者谈话的原因，诱使对方张开金口，可以让过错者采取掩盖措施，从而露出马脚。

条件反射问题：把犯罪事实夹在问题里

我在《透视谎言》中发明了一种问题，"条件反射问题"。它来源于苏联心理学家伊万·巴甫洛夫（没错，就是那个用狗研究经典认知的巴甫洛夫）的指示性条件反射理论。指示性条件反射理论指出，我们一旦受到熟悉事物的刺激，就会做出无意识的举动。这里的刺激意蕴广泛。

比如，如果我怀疑一位员工拿走了打印机的墨盒，我可以问他"你多久换一次墨盒？"或者"墨盒放在哪里？"问题的内容不重要，重要的是将犯罪事实不经意地放在问题里。

假如怀疑伴侣前一天跟情人去了电影院，你可以问他最近一部在电影院看的电影是什么。受到熟悉事物——电影院——的刺激，他会做出无意识的反应，比如紧张或短时间僵硬。

或者，如果你怀疑雇用的女家政员有时不遵守规定时间，提早离开你家，那么你可以问她："一周服务 3 个小时对你而言过长吗？"然后，仔细观察她的反应。

这些问题背后的理论很简单：提出一个听起来完全中立，

但只有过错者会视作指责的问题。无辜者不会感受到任何恶意，因此不会有特别的反应。相反，过错者会察觉到指责，且会试图隐瞒真相。而这一心理会让他的举动更引人注目，这样你就可以迅速感受到他的变化，比如不经意的抽搐、一丝迟疑或突然发生改变的东西。要注意的是，你的问题不应太特别，否则，无辜者可能也会紧张，因为他不知道你想干什么。

我专题研讨课上的一位学员怀疑妻子有外遇。深思熟虑之后，他在吃饭时非常不经意地向妻子提出一个条件反射问题。他问："哦，昨天有人打了三次电话，然后又挂断了。你也遇到过这样的事吗？"正准备往面包上抹果酱的妻子突然明显地颤抖了一下，手中的面包也掉落在地。这位丈夫很难过，当天晚上就搬去了酒店。他的结局虽然并不圆满，但却好过被骗多年后再被抛弃。

迷你测谎仪：找出说谎者的基准线

如果你只想记住一个拆谎技巧，那就应该是这个。这是一种测谎仪技术，只是不用设备就可以进行。

首先谈谈测谎仪本身，它也被称为"多产作家"，因为它能同时测量多个方面，如脉搏、心跳、呼吸、汗水甚至声音。测谎仪如何工作？测谎仪的构造十分简单，且不了解人类的不同情绪或行为控制。它只测量身体的正常状态,即所谓的"基准线",并发现身体的变化。

现在,测谎仪的种类繁多,我所知的最先进的测谎仪被用于机场安保工作,由一家名为WeCu(英语"We see you"的有趣缩写)的以色列公司研发。使用该测谎仪时,乘客需坐在一间小屋内,屋内将放映只有恐怖分子才能认出的图片等。测谎仪将在数秒之内自动测量乘客的身体变化。它的原理与所有测谎仪一样,即通过测量身体变化找出说谎者。

如何才能将这一技巧应用在日常生活中?最简单的方式莫过于观察。比如,嫌疑人在谈话中声音是否突然变小或变大?速度是否突然变快或变慢?关键在于是否产生了变化。你可以在和谐的谈话中融入自己的问题,一旦在某个犀利的问题上观察到对方的身体变化,那就说明对方在说谎。

在此过程中,不同主题间的切换至关重要,正如以色列公司研发的测谎仪会将敏感与不敏感的图片交替放映一样。只有这样,我们才能肯定对方的身体变化是由说谎引起的。在面对涉及说谎的问题时,说谎者往往会做出无意识举动。

人能骗过测谎仪吗?是的。有两种可能的方法:第一,努力在说谎时保持冷静,这是外行常采用的办法,但实施难度较大,因此推荐价值不高。第二,是伪装基准线。如果身体的正常状态从一开始就是伪装的,那么审问员也无法识别你的谎言。后者显然更加好用,而且有很多方法能够做到,最简单的方法包括用脚趾用力扣紧地板或绷紧括约肌。你也可以试试!

直接问题:成功率高达 95% 的"第一技巧"

直接问题简单明了——直接询问对方是否有责任:"是你干的吗?"提问时,不要表现得很挑衅,而要理智、客观,抱着找出真相的目的。美国军方认为,在审问时始终应将直接提问作为第一个技巧使用。他们深信,直接提问法在二战期间的成功率达到了 90%,在越南、巴拿马和伊拉克战争中的成功率则高达 95%。

当然,直接问题不仅可以在战争区的审问帐篷里使用,还可以在日常生活中使用。比如,当你怀疑员工或朋友做了某件事时,就可以直接问他们:"是你干的吗?"那么,在此过程中,我们应注意些什么呢?

无辜者能够清楚、明了地证明自己的无辜,眼睫毛不会颤抖,会迫不及待地澄清事实。相反地,过错者的典型反应是作出拖延时间的回答:"什么?说我纵火?"或者答非所问:"这是我的工作岗位。我为什么要这么做?"我们还经常听到慷慨激昂的保证:"我以我母亲之墓发誓……"这里要提到一句古老的刑侦箴言:"审问前的宣誓就是撒谎的证据。"

同样,间接谎言也大受欢迎,比如:"我已经告诉妈妈不是我干的了。"为什么这个回答如此受欢迎?因为这不是谎言。他确实告诉过妈妈了。说谎者只会说必要的谎,因此,这样的间接谎言反而暗示了他的责任。

如果对方身负多项指控,则先问最严重的。著名美国CIA审问员克里夫·拜克斯特发现,受审者在开始时集中精力应付最严重的罪行后,等到后面应对相对较轻的罪行时,会更容易露出马脚。

直接提问的核心原理在于:无辜者相对放松,会即刻否定;过错者也会否认,但更迟疑。通常情况下,过错者不会直接否认,而是答非所问,如"我为什么要这样做?"。

但如果对方最开始的反应很谨慎,会导致你无法将其行为归类。这种情况你该怎么办?你应该追问:"为什么你不会这么做?"同样的道理,如此追问对于无辜者而言没有任何难度。他会眼睫毛毫不颤抖地回答:"因为我不是纵火者。"他会典型地表现出自己的性格特征,并直呼事件的名字。相反,过错者想置身事外,因此往往会找外部原因,比如:"因为到处都是摄像头,这样做毫无意义。"

第1章　撬开"金口"前，准备好正确的问题

总而言之，直接提问的原理在于，无辜者会立即干脆地否认指控，而过错者会想避开问题。直接提问要求受审者更加直接地面对问题，对此，无辜者会当即否认，过错者往往会含糊其辞。这就使得过错者更容易暴露。

迷你测谎仪：拉近关系，提升说谎者的愧疚感

如果在超市偷一盒口香糖，你感受到的或许更多的是恐惧，而非罪恶。但欺骗妻子、女友，或者同时欺骗这两者，都与偷口香糖大不相同。与欺骗对象越亲近，我们的愧疚感越强烈。

如何识别愧疚感？有趣的是，心怀悲伤或愧疚时，人们的面部表情并无二致：眼神空洞，嘴角下垂。如果你的另一半跟你聊昨晚与同事一起吃饭的事时，表情很悲伤，那可能意味着他根本不是悲伤。

20世纪90年代末有一段著名视频：比尔·克林顿声称没有与莫妮卡·莱温斯基发生性关系。在这段视频中，你会多次看到克林顿的悲伤表情，尤其当他作出声明后转身走向侧面的出口时。美国心理学家保罗·艾克曼描述称，克林顿的表情就像把手伸进饼干罐时被抓了现行的小男孩。

你在曾任德国石荷州州长的乌韦·巴舍尔的脸上能看到更明显的愧疚表情。乌韦·巴舍尔在1987年的石荷州大选中请人

给自己安装了窃听器，然后自导自演了一部"发现窃听器"的大戏，并污蔑竞争候选人比约恩·恩霍尔姆。最后，巴舍尔召开了一场新闻发布会，声明自己的无辜。不久后，巴舍尔的尸体在一个浴缸中被找到，死亡原因至今未明。

我曾在德国电视2台的一个节目中观看这段发布会的视频，以现场解说说谎的标志。我之前没看过这段视频，因此观看得非常仔细。巴舍尔发表完声明后，整个人垂头丧气并以双手掩面——这是悲伤和罪恶的典型表现（两段视频皆已上传至我的个人网页，www.jacknasher.com）。

正如前文所说，当过错者感觉与欺骗对象越亲近时，他的愧疚感越强烈。我们可以对此加以利用。如果你对他说"很高兴见到你，老伙计"或"我百分百信任你"，提醒说谎嫌疑人你们之间的亲密关系，其愧疚感会更加强烈。

我大学时代的初恋女友曾对我说："我知道，你永远不会对我说谎。"如果我曾欺骗她，当时肯定非常愧疚。多年以后的今天，她已然成为一名法官。

通过愧疚感识破谎言的方法也有局限性，要知道，这世上并不是所有人都会感到愧疚，比如没良心的人或者心理变态的人等。因此，我们不能用这种方法识破所有谎言。幸运的是，这种人在总人口比例中大约只占1%；而不幸的是，这种人在

第1章 撬开"金口"前,准备好正确的问题

领导管理层中的比例可达4%。

这种比例意味着,如果我在1 000名听众面前作报告,那么听众席中有近10人是心理变态,而他们中的大多数会坐在前排。要想识破这类人的谎言,我们必须采用其他方法。

在测试和应用了无数拆谎技巧后,我可以肯定地告诉你们,通常情况下,利用愧疚感最容易识破谎言。这个"罪恶的标志"对过错者来说如千斤巨石,压得他们喘不过气。因此,人们通常能在几秒钟内识别他们的谎言。只要受审者踏进门内,尤其受审者是女性时(女性比男性的愧疚感更强),这种方法就更屡试不爽。

对比问题:放松的人更可能是说谎者

如果你被人误会偷了老板保险柜里的钱,然后被问及以下问题:"你曾偷过前雇主的东西吗?"以及"你这辈子真的没有从老板那儿'借'过一针一线吗?连文件夹或书签都没有?"这时,你会如何反应?这样的问题会强烈撼动你在主要问题上的可信度吗?

或者当被问:"难道不是每个人都曾顺手牵羊吗?"你要怎么回答?这就是著名的对比问题。它曾在40年前让其发明者

约翰·E. 里德名声大噪。

当无辜者处在巨大的自我斗争中时，经常会选择说谎。但是，如果你继续追问具体事件，比如他是否偷了保险柜里的钱，他会毫不犹豫、斩钉截铁地否定。在整个审问过程中，对比问题通常会让无辜者处境艰难，因为他们进退两难。

然而，过错者的情况完全相反。假设你真的偷了保险柜里的钱，当有人问你是否曾偷过前雇主的东西，你会如何反应？你不会那么紧张，因为这并不是你被盘问的理由。你会轻松地否定或完全理直气壮地承认。无论如何，相比之前面对直接问题时，你会表现得相对放松。

重要的是，避免让问题涉及案件本身。具体而言，不要问"你是否偷过东西"，因为这把本次从保险柜里偷东西也包括在内了。而要这样问"你在 12 ~ 25 岁间，是否偷过东西？"（如果被问者年龄较大）。你也可以问比较笼统的问题："你是否为了不让人生你的气而撒谎？"

假设问题是对比问题的升级版。在假设问题中，我们会问对方："你是否想过做某件事来报复老板？"与对比问题同理，无辜者一般会否认，即使他确实有过这样的想法。对于无辜者而言，这样的问题是目前为止的最大威胁。

过错者则完全不同。他要么也以非常放松的状态否认，要么会坦承地承认他的想法。如果选择后者，那么他可以借此机会谈论自己的行为，以减轻压力，而不必担心任何后果。因为假设毕竟不是证据，所以他们会说："我当然这么想过。在工作中，可能每个人都有过这样的想法。"

假设问题的核心在于，如果被问者在面对对比问题时，比面对直接问题更加紧张，那么他很有可能是无辜的。因此，对比问题应该紧随直接问题之后。

迷你测谎仪：如何用鸵鸟蛋测谎？

根据问卷调查的结果显示，以下是日常生活中最常见的十大谎言：

1. 我很好。
2. 见到你真高兴。
3. 我会给你打电话。
4. 后会有期！
5. 我在堵车。
6. 我没接到电话。
7. 支票在邮局。
8. 你看起来真漂亮。

9. 我一整天都在开会。

10. 我们只是好朋友。

谎言无处不在，因此，生活中的各个领域都或多或少地研发了"测谎仪"。很早以前，西非曾使用鸵鸟蛋测谎：在审问的同时，请受审者手捧或传递一枚鸵鸟蛋。当鸵鸟蛋被谁捏碎或从谁手中滑落，那个人就会被判定有罪。虽然这种方法可靠性不高，但包含的理念却是正确的：说谎者会紧张。

说谎确实耗费精力，因为说谎者必须不断地问自己，他的回答是否符合常理，是否逻辑严密，是否说漏嘴。这也证明了为什么更聪明的人更擅长说谎。那么，如何感知对方的紧张呢？

幸运的是，识别紧张比较容易。我们可以通过对方的犹豫（如重复、语速放慢和停顿等）识别。这些举动都是为了争取时间思考如何回答下一个问题。

说谎者经常重复问题或部分自己的回答。显然，说谎者自己也知道停顿太多会露出马脚。因此，他们不一定停顿次数更多，但犹豫时间一定会更长。值得一提的是，大部分人会在紧张时提高音量。

眨眼频率也能反映一个人的紧张程度，因为说谎者的眨眼频率更高。最后，我们也可以通过人们在紧张时的个人习惯判断对方是否紧张。

每个人都会从小形成一些个人习惯，比如突然喝掉一整瓶水（因为小时候紧张时总是会喝一瓶牛奶）或者一直挠手肘等。观察对方是否有这些习惯。紧张是撒谎的一大标志，而且相对容易识别。

开放式问题：细节越多，谎言暴露得越快

怎样才能让对方透露更多信息呢？我们可以向其提出一个开放式问题，如"告诉我你对这件事所知的一切！"。像谈判一样，在审问中提出的开放式问题，能够帮助我们最大化地获取信息。因为正如人们不得不拿起一直响的电话一样，受审者也不得不回答提出的问题。

无辜者事先会思考谁可能是作案者以及作案动机。相反，过错者无须思考发生了什么，因为他就在现场。他需要思考的是如何回答。因此，他的回答不那么随性。如果他列出了所谓的理由清单，那么他的嫌疑尤其大。

例如，在某次案件中，审问员问嫌疑人："是你在酒吧纵火吗？"随后，嫌疑人如机关枪般回答道："第一，酒吧主人是我的朋友。第二，我正处在缓刑考验期，为什么要冒这样的险？

第三，这于我毫无益处。"事实证明，他就是纵火者。因为酒吧主人说要把酒吧的一部分保险受益权给他，他才起了歹心。在日常生活中，"亲爱的，你这么长时间去哪了？"是较为适用的开放式问题。

最容易让人撒谎的问题莫过于"你不知道是谁干的吗？"。一般疑问句也容易让对方说谎。顺便说一句，无论问题内容为何，人们都习惯回答"是"。如果审问者提出只有固定答案的封闭式问题，审问将很难取得突破。

相比之下，在听到开放式问题时，受审者往往不会立即说谎，如此，我们至少可以听到一部分真话。艾希曼的审问员阿夫纳·雷斯认为："对方说得越多，我们就越容易揭穿谎言和推翻假冒的不在场证明。因为说谎者往往会被自己精心编造的谎言越缠越紧。"

德国某州的警察内部培训手册中写道："让他说谎！因为谎言往往比半真半假以及被美化的坦白更能揭露真相。"

箴言就是：让他说话！法官们称之为确定审问，目的在于抓住受审者相关的具体细节。

"我们掌握的细节如此具体，以至于他们不能在之后说自己一时失言。如此，我们就能通过查证事实，反驳他们的谎言，让他们不得不承认自己说谎了。之后，我们将以对方的所有托词为主题，切断他们的一切退路。"让对方说谎，而且是就我们可以反驳的一些细节说谎，有助于得到更多细节，从而处于更有利的地位。

当然，让受审者说话的方法也不是通用的，它也有不可避免的缺点：如果受审者的回答没有明显自相矛盾之处，那么最有力的证据也就失去了作用。如果你手上握有与对方回答内容完全对立的书信、邮件或短信，那你决不能简单地将它们念出来，然后问："你有什么要说的？"

因为在你朗读期间，受审者不会认真听，因为他已经知道这些内容。他所做的是思考，思考如何解释这一切。然后，你就得面对一个真假参半的复杂处境，而之前掌握的有力证据将变得一文不值。

《库巴克审问指南》为此推荐了一种完美的方法："如果想正确利用这封信，你首先要慢慢引导对方重复他此前的回答，而这些与信上内容完全对立。之后，你再当面朗读信件，这样对方就没有了解释的机会。因为话已出口，覆水难收。"

迷你测谎仪：封死退路再"将军"

如果你的丈夫声称自己昨晚一个人在家，那就不要念出他的手机短信："谢谢你的友好来访。真的很美妙，充满惊喜……"

因为，他可以找借口说："是的，我们打了两个小时电话。"或者："是的，我去她那里拿我的包。我做完运动把包落下了，她帮我带回家了。"

那你应该怎么做呢？你应该先问一次："你昨天一整夜都在家看电视吗？"如果他直截了当地说"是"，那么后面就不能再说跟别人打了几小时电话或临时出去拿了点东西。

案例直击

怎样让孩子说实话？

荷兰警察掌握了一种系统且易操作的拆谎技巧：审问员首先记下所有证据，并思考受审者可能会寻找的借口。假设你现在与16岁的女儿面对面坐着，你怀疑她上周六晚不听你的话去了舞厅。

你的证据是，一个邻居声称那天夜里在舞厅门口看到了她的自行车。在你摆出证据前，先想一想，你的女儿可能会找什么借口。典型借口可能是：她把自行车借人了；有人偷骑了她的自行车；她只是去那拿点东西。

如果你上来就问："你昨晚去舞厅了？有人在门口看到了你的自行车。"那就是在逼她找借口，并埋葬证据的价值。

第1章 撬开"金口"前,准备好正确的问题

你应该事先想好她可能会说的所有借口,并逐一询问,比如,她的自行车还在不在,有没有可能别人骑了她的车,或者她有没有可能偶然在舞厅附近(不要提舞厅本身)做过什么。

你的女儿很有可能斩钉截铁地否定所有问题,或者直到最后一个问题才开始起疑心,但已经太迟了。这时你可以问:"有人在舞厅门口看到你的自行车。对此你有什么要说的?"现在,她就很难继续撒谎了。

开放式问题如此有效还有一个原因:通过对方回答问题的方式,可以推导出有价值的、与真相有关的结论。

作报告时,我走向一位听众并请他即兴撒谎,称自己昨晚去看了电影,这位"说谎者"的说辞通常是:"我们昨晚去了电影院,电影很棒,然后我们就回家了。"这个即兴谎言没有关于时间、地点和事件的细节。因为说谎者的所有心思都用于编造虚假事实了。因为每个说谎者都明白,自己说的细节越多,就越可能作茧自缚。

相反地,如果一个人确实经历过某事,那么他对此事的描述通常包括多个部分:事件背景、事件本身和情绪描写等。

真实的故事版本可能是这样的:由于我们出发得太晚,所

以没有找到停车位，然后在最后一秒钟赶到了放映厅。在找座位的时候，我被爆米花滑倒，还打翻了一罐可乐，可乐浇在了我的裤腿上，引发了一场斗殴。在浴室吹干裤子上的可乐后，我精疲力竭地跌倒在地。我醒来的时候已经在医院了，并在那儿爱上了一位护士……

真实的故事往往充满细节和感情，但也有例外。我发现很多未成年人与父母的对话大致如下：

"在学校怎么样？"

"很好。"

"你们做了什么？"

"没什么。"

通常，成年人很健谈，并说得很详细。因此，法庭审判时同样会根据陈述细节的多少作出可信度评估。

几年前，我曾培训过一批调查员。他们负责调查不实赔偿，即需要警惕的保险赔偿，因为有些事情很蹊跷。有人曾跟我讲过一个案例：一位猎人声称，一只孢子跑进了他全新的奔驰车并对其造成了损坏。于是调查员找到这位退休的猎人，并问他："这只孢子长什么样？"对方回答："普普通通。"问及皮毛颜色深浅，他回答"不深不浅"；问及其身体大小，他回答"不大不小"。门外汉可能真的会这么回答，但与动物打过多年交道的猎人必

第1章 撬开"金口"前,准备好正确的问题

然不会如此回答。因此,调查员确信对方在撒谎。很快,对方便交代了全部真相。

开放式问题有很多优点。首先,对方的回答已经包含了大量信息。无辜者的回答比较随性,而过错者则会深思熟虑,还可能逐点回答。先让对方自由发言,然后打破砂锅问到底,切断他反悔的可能性,并记录其回答内容中的所有疑点,以便下次追问。

你最好事先想想对方可能找什么借口并加以记录,然后通过你的提问,让他否决所有借口。这样,无论对方跟你说什么,你都可以从细节的缺失,尤其情绪的缺失中判断对方是否说谎。

迷你测谎仪:只顾说谎的人,没时间活动身体

自信的求职者在面试时会将精力集中于什么上?他会问自己要从事的工作是否有趣,公司能否给他提供想要的前途。信心不那么充足的人会注意什么呢?主要是关注自身。他不断地问自己对方会不会喜欢他,面试前换很多套衣服,在面试中努力不要说错什么。

简而言之:如果足够自信,你会关注外界,会饶有兴趣地关注他人。若缺乏自信,你只会关注自身,因为你必须时刻控制和调整自己的行为。

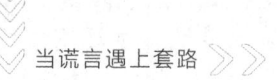

这与揭穿谎言有什么关联？诚实的人是自信的，因为他认为被人信任是理所当然的；说谎者却像推销产品般推销其谎言，而非理所当然地将其当作事实。说谎者会做出修饰行为，比如将衣服理正，头发梳得整整齐齐，掸去身上的灰尘，清洁指甲里的污物，刮净胡须等。

然而，正因为说谎者想太多，所以肢体语言会发生根本变化，就像匹诺曹一样。匹诺曹每次撒谎鼻子都会变长，可惜我们不会这样。否则，我的相关演讲时间也将变短（"注意对方的鼻子。感谢各位的聆听！"我的演讲将变得只剩下开场白和结束语）。

其实，说谎者与匹诺曹有其他共同点——僵硬的肢体。因为不想露出马脚，说谎者会十分注意自己的行为，导致身体变得僵硬，几乎没有任何动作；平常说话时的强调手势也随之消失，而且往往面无表情，了无生趣。这与说谎者平日里的口若悬河形成了强烈对比。人们普遍认为，说谎者不敢直视说谎对象的眼睛，而事实恰恰相反，他们更喜欢直视说谎对象的眼睛，以向其传达"请相信我"的眼神。

说谎者之所以会肢体僵硬，是因为将全部注意力都用于关注自己的行为。对大脑的研究结果显示，说谎更多由大脑的上半部分控制，因此导致肢体活动的减少。人类的进化也对说谎者的僵硬做了解释。

人类一见到哪种食肉动物就会逃跑？哪种食肉动物人类尚能制服？因此，除了战斗或逃跑反应，还有冻结反应，即我们保持不动，希望不被发现。正如动物在紧急情况下会装死，小孩儿在害怕或房间着火时会钻到床下，当我们不想被揭穿时，会变得僵硬。

如果平时很健谈的人在跟你谈话时突然变得僵硬，这表明他刚刚可能撒了谎。比如足球教练克里斯托夫·道姆在新闻发布会上否认自己吸食可卡因时，我们便能看到他的发言像机器人般僵硬，直到他说出真相后才恢复如常。

连续性问题：追问到对方无谎可撒

你有观察过美国电影中法官如何进行盘问吗？法官以堪称完美的发问令被告哑口无言，最终使其除了坦白别无选择。你不好奇这些问题背后的具体技巧吗？盘问的基本原则就是不断提问，直至拆穿对方准备好的谎言。

根据不同情况，我们可以使用的澄清性问题有三类：

追问细节 "请再多聊聊你的同事。""你具体什么

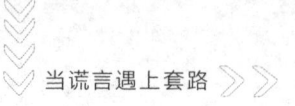

时候在家？"

追问解释 "你为什么去了这家餐厅？""为什么你想多待一会儿？"

追问感觉或想法 "当钱突然不见时，你是怎么想的？""当独自一人回家时，你的感受究竟如何？"

这些问题对于无辜者而言都毫无难度，可以不假思索地给出答复，但过错者的反应则完全不同。过错者对直接问题还有所准备，但每次追问对他而言都是挑战。在谎言的每个细节上他都得思考这是不是可信，是否与之前的回答相契合。同时，过错者还必须为了接下来的问题记住这些细节。因此，他的回应会很慢，很犹豫。

过错者喜欢以反问或其他方式逃避问题："如果是我，我应该记得这些。"此时，你不要说"这么说你从来没去过那"，这会让他松一口气。你应该坚决地再问一次："你具体还记得些什么？"也就是说，同一个问题提两次，但是换种表达方式。

尤其值得注意的是，即使在回答更进一步的追问时，你在过错者的答案中也感受不到情绪。在一个案例中，受审者声称自己被洗劫一空了。当问及他看到作案者朝自己走来时如何反应时，他回答道："我将钱袋推到了一边。"他的描述中没有包

第1章　撬开"金口"前，准备好正确的问题

含任何情绪。当审问员直截了当地追问他当时的感受时，他只回答："我只是踩了刹车，然后将钱袋推往一边。"

如果你问女朋友昨晚跟闺蜜们玩得怎么样，而她只是陈述干巴巴的事实——"我们首先去吃饭，然后去跳舞。我凌晨两点回的家。"——那就有点可疑了。当你继续追问她感觉如何时，如果她仍然只是干巴巴地告诉你"那里人很多"，那就更可疑了。

说谎无外乎两种方式：隐瞒某些事情不说，或者编造某些事情。第一种方法更简单，因为无须编造什么，愧疚感也会轻一些，因为隐瞒某些事情看起来不是真正的说谎。反过来说，如果被问者的回答直接而全面，那么他所说的可能是实话。但是，优秀的审问员往往会追问一些细节，使得对方为了让自己的故事听起来更可信，而不得不捏造些什么。

比如，丈夫在电话中对妻子说他今天得加班，所以不得不快速吃完晚饭，然后继续工作。如果他是跟情人在对方的公寓吃晚餐，带餐后"甜点"的那种，然后再回到办公室工作，那他确实没撒谎。他只是隐瞒了最重要的部分，即与他一起吃晚餐的对象。

如果妻子继续追问晚餐的情况，他就不得不编造一些细节并主动说谎，这就使得难度大大提升，而且拆穿谎言的可能性也更高。

美国军队的审问手册为此推荐了一种快速射击法。你迅速而连续地向对方提问，就像机关枪一样。在提出下一个问题之前，不要留给对方回答问题的时间。比如："你昨晚做了什么？什么时候到家的？什么时候上床睡觉的？"

正如《军队审问手册》所写，过错者必须更加集中注意力，因此便开始"随便说，因为他试图澄清自己，并否认审问员所加给他的'无稽之谈'。这时，他说的内容往往会超出原先的计划，因此会透露更多可供之后追查的线索。"这是一种攻击性较强的方法，在日常生活中不能随便用在每个人身上。

《库巴克审问指南》还推荐过一种审问方法。虽然它看上去略显荒谬，但有一些人对它深信不疑。这种方法的核心技巧在于，提出对方无法回答的问题，同时表现出即使最愚蠢的人也能回答这个问题的样子。

《库巴克审问指南》中如是说："我们坚信他一定知道，必须知道，即使最愚蠢的人处在他的位置上也该知道，以避免他对这些事情表示毫不知情。"在不依不饶地提一系列这样的问题之后，我们才终于问一些对方确实能答上来的问题。一位曾被这种方法审问过的当事人，在回忆其经历时说："我知道这听起来很奇怪，但当终于出现一个让我有话可说的话题时，我感到十分感激。"

第1章 撬开"金口"前，准备好正确的问题

比如，传言你的竞争对手有意关闭公司，并出售公司的一部分固定资产，比如产品、仓库、货车等。你认为一位你们共同的商业伙伴了解更多信息，但他向你提供的信息却少得可怜。现在，你可以向他追问细节，比如，"他现在对仓库的要价究竟是多少？"以及"具体什么时间可以提货？12月1日还是明年1月1日？"现在，他很有可能告诉你他真正知道的信息，以免自己看起来一无所知。

反问的另一种方法就是像孩子一样提问。永远只问同一件事，直到得到答案。比如，孩子会问某只鸟叫什么名字，并且反复问。我们成年人则更倾向于问这只鸟的名字，属于哪个种类，以什么为食，什么时候南迁。

如果是两名作案者合作偷走了保险柜的钱，那么，当你问"你打开过保险柜并偷走了里面的钱吗？"，两名作案者就都可以心安得地做出否定回答，因为他们是其中一人打开保险柜，另一人拿走了里面的钱。问题太多会导致答案模糊。因此，最好每次只询问一个细节。

询问案发前后的细节也十分有效。如果对方什么都想不起来，就非常可疑。通常情况下，经验丰富的说谎者会准备好自己的说辞，并捏造案发期间他在哪里的细节。

在法官培训中会有以下建议："此时，审问员应询问具体

情景，并且，重要的是不局限于与该案有关的问题。真正经历了某件事的人，通常情况下除了案件本身之外，必然还知道一些细节。相反，说谎者通常只为案件相关的问题做好了准备，比如核心事件。如果对方只能回答案件相关的问题，但对于事发前后或同时发生的其他情况一无所知，那么审问员就应该有所怀疑。"

正是这一基本原则使我在几年前拆穿了多米尼克·布鲁纳案中一位证人的谎言。2009 年，德国最大的屋顶瓦制造商 Erlus AG 公司的多米尼克·布鲁纳，在慕尼黑的一个轻轨站为了保护四名学生而被打死。在谋杀审判过程中，面对三位刚成年的凶手，有位证人在我进一步询问案件发生后两分钟内的关键细节时对答如流，而当我问及事发前后十几分钟发生的事情时，他却一无所知。

这位证人的表现十分奇怪，因为他根本无法预知究竟什么时候是关键的几分钟。他作证时我根本不明白他为什么要说谎，直到后来我才明白，他是担心自己因为不提供帮助而被惩罚。因为他的不实证词，报纸有段时间甚至写到斗殴是由布鲁纳挑起的。我对证词做出的评价得到了法官的认可并被公开发表，但愿能消解此前的错误，让更多世人知道真相，知道布鲁纳的英勇行为。

在日常生活中，你可以问丈夫："你周六午饭后到睡觉前这段时间都做些什么？"这个问题能让任何一个做好万全准备，但心怀鬼胎的人陷入窘境。

漏斗式提问法：由简入繁，化繁为简

追问的另外一个方法是倒叙，即"之"字形审问。审问员要不按时间顺序提问：在受审者详细讲述整个故事的过程中做好笔记，然后请对方打乱顺序复述刚刚的故事。无辜者自然没问题，因为他确实经历了整件事。但对过错者来说，这就十分困难了。因为谎言就像只练习到某种程度的钢琴曲，每次演奏都要从头开始。所以，你应该提出细腻的问题："在你注意到收银台丢了东西时，你是从哪里过来的？在此之前你在哪里？"

询问的顺序也可以作为一种手段。如果你的问题过于具体，比如对方在某个时间点位于何处，你听到的可能只有谎言，而你只能依靠这个唯一的谎言作出整个判断。此外，这还会让对方过快做出答复。

现在我们来看一个典型的追问顺序，这里采用了漏斗法，问题会越来越精确。场景是丈夫怀疑妻子与前男友见面，他的提问方式如下：

- 你最近有前男友的消息吗?
- 你最近见过他吗?
- 你们有约会吗?
- 你去过他家吗?
- 你昨天有跟他做什么吗?

这可能是常见的提问方法：越来越精确。这种方法存在一个关键问题：如果第一个问题的答案是否定的，那么对方出于单纯的逻辑理由也必然否认接下来的问题。她不可能很久没见过前男友了（问题 2），但昨天却跟他发生了什么（问题 5）。这样，你就用一个问题切断了所有问题。那么，把顺序颠倒会怎样呢？

- 你昨天跟前男友做了什么吗?
- 你去过他家吗?
- 你们有约会吗?
- 你最近见过他吗?
- 你最近有他的消息吗?

现在，对方必须每次都做新的决定，每次都要说一个新的谎言，而不是由第一个答案顺理成章地推导出其他问题的答案。

这有利于我们揭穿谎言。总而言之,从较为具体的问题开始提问,慢慢过渡到较为笼统的问题。

以下文字虽然简练,但含义丰富:成功的追问并不像看上去那么简单。表面来看,就是追问细节、解释和情绪。在此过程中,必须保持不依不饶,万一对方对此提出反对意见,则快速地连续发问。最重要的是,要追问事发前后的细节,因为你可以借此让胸有成竹的说谎者陷入窘境。

此外,打乱时间顺序也能让说谎者自乱阵脚。最后,你可以通过有意颠倒顺序,即从具体到笼统地提问,诱使对方说更多谎,为你揭穿谎言提供更多线索。

迷你测谎仪:注意对方如何使用人称代词

"你这个肮脏的撒谎精",这是对于说谎者的常见辱骂。因为人们往往认为谎言是肮脏的,所以说谎者不希望与之扯上关系,这通常会体现在他们的言谈之中。相比说真话的人,说谎者的发言往往会"去人化",即使用"我"和"我的"等人称代词的频率少很多。

说谎者出于其愧疚会与事件本身保持距离,因此,会尽可能地令自己置身事外。我培训过的一位来自德国萨克森州的刑事警官告诉我,小偷不会以"这不是我偷的"来回应直接问题,而是"究竟谁会偷这种东西?"。

法庭上的可信度评估和科学内容分析法,都发现了这一现象。现在有些电脑程序甚至能够通过统计人称代词的数量,辨别邮件或短信的真伪。针对"你忠诚吗"这个问题,如果回答"我真真切切地知道,我的心是忠诚的",该程序会将它判定为真实。如果答案没有出现任何人称代词,如"绝对不会背叛""心不会犯错",那么,该程序则会将它判定为虚假。

美国康奈尔大学的研究员杰夫·汉库克发现,美国前总统乔治·W.布什在伊朗战争不久前发表的演讲中,使用人称代词的频率低于平时,而当美国军队发动袭击后,其言辞又恢复正常。

前民主德国首脑瓦尔特·乌尔布里希特在1961年发表的著名言论也很有趣。在相关记录视频中,他说"没有人打算砌一堵墙",而不是"我不打算砌一堵墙"。两个月后,砌墙工程就浩浩荡荡地开始了。

肢体语言也能泄露是否说谎。在说谎之前,我们往往希望远离他人,因此,脚通常会朝向门口,而身体会往谈话对象的反方向倾斜。根据威廉·卡朋特在1852年提出的卡朋特效应,仅想到某个动作就会让我们下意识地做出该动作的准备趋势,比如晃动身体或推眼镜。审问员克里斯·麦凯称之为"说谎者的倚靠"，通常情况下，说谎者会靠向窗户或门口的方向。

美国前总统理查德·尼克松在著名的"水门事件"演说中就有如此表现。如果你仔细观察过那段视频，就会清楚地看到，尼克松在说谎以后立即远离演讲台，并向后退了一大步，以此与谎言保持距离。我已将乌尔布里希特和尼克松的视频上传至个人网站，查看请登录 www.jacknasher.com。

钓鱼式问题：提问者也可以虚张声势

为什么职业扑克手即使手握烂牌也可以赢？因为知道如何虚张声势。同样的道理，职业审问员也可以在证据不足时，通过虚张声势达到目的。整个问题系统中最狡诈的可能就是钓鱼式问题。因为太过狡诈，钓鱼式问题在德国被明令禁止。德国《刑法》第136条规定，警察或法官在审问时禁止使用此类问题。只有当证据模糊不清时，才允许以最谨慎、温和的方式使用。

在钓鱼式问题中，我们可能会如此向对方伪装证据："那里安装了摄像头。有没有可能会在录像中看到你呢？"尽管事实上并没有摄像头。是否要通过说谎获得真相，由你自己决定。

遇到这样的问题，无辜者会完全放松，因为他知道自己不可能出现在录像中。他会自信而直截了当地回答："不可能。"

这样，对他的审问就结束了。

然而，过错者会紧张，因为他必须思考是要冒险一搏，还是先承认自己当时在现场。他会犹豫不决，可能会否认或解释。在这种情况下，我们完全有可能有意外收获，即能证明他是否无辜的证据。过错者往往会拖延时间，即使被多次追问，过错者也不会像无辜者一样直截了当地回答，而是耍些小花招，比如"据我的记忆……"或"啊，对的，我有可能在现场，因为我把东西落在办公室了"。

我的专题研讨课学员曾举过一个例子：有人在周末违反规定"借用"了公司车辆。在之后与三位嫌疑人的谈话中，这名学员使用了钓鱼式问题。他告诉三位嫌疑人，不久之后一切都会水落石出，因为那辆车被电子眼拍照了，等照片出来就会真相大白。虽然事实并非如此，但这样做成功使嫌疑人坦白。

钓鱼式问题同样不应带指责语气，而应是客观公正的。一位来自柏林的女猎头曾参加过我的研讨课，她曾在面试职位候选人时使用钓鱼式问题。在询问对方之前的薪水时，她会顺便提到，新的雇主会要求提供医疗保险的材料，薪水会在材料中显示。不管这是否符合事实，借此问题，她听到实话的概率大大上升。

通常情况下，我们使用钓鱼式问题时，态度不应带攻击性，

第1章 撬开"金口"前，准备好正确的问题

而是友好地强调："如果我们遍访你的老雇主，有没有可能有一位会告诉我们，你是被解雇的呢？"

在作出具体声明之前，要先掩护自己。因为过错者完全有可能看穿你在虚张声势。比如，你声称他曾在某时某地出现，但他可以确定自己在你所说的时间点并未去过某处；或者你谎称已经提取了指纹，但他当时戴着手套。

我的某位学员曾偶然发现公司储物柜的硬币箱被动过手脚，数月甚至数年以来一直有人偷里面的硬币。在这个案例中，你会如何利用钓鱼式问题找到真相？

这位学员把所有嫌疑人叫来，并询问他们是否介意提取指纹，以检验是否与该储物柜上的指纹相一致。最终，这个模糊的钓鱼式问题成功使过错者坦白。

需要注意的是，只有在对方说了令你疑心的细节之后，才可以抛出钓鱼式问题。如果对方还没有说他整晚都在家，你就说邻居昨晚看到他出门了，那么这个问题就毫无意义了。

在一个案件中，某办公室未上锁的保险箱中一大笔钱不翼而飞。一名外包保洁员被叫来问话，并声称自己连碰都没碰过保险箱。审问者接下来提了一个问题："警察正在核查保险箱上的指纹。他们会不会找到你的指纹呢？"迟疑片刻，对方最终承认，有可能自己在吸尘时曾倚在保险箱上。这与他前面的

回答自相矛盾，促使他最终坦白。

钓鱼式问题通常借 DNA 检测、咬痕、脚印、车轮印、卫星图片等证据故弄玄虚，甚至还声称能通过血液测试荷尔蒙数值，调查是否发生过性行为。

重要的是，这些"证据"必须具有说服力。我曾培训过的某位破产管理人曾面临以下问题：一位破产者将其全部财产过户给了妻子。根据某份协议记载，过户发生在破产 3 年前，但事实上，只有当过户距破产足够久远，过户才有效。

但这位破产管理人确信对方撒谎了，并且有一个充分的理由：该协议做得太蹩脚，以致于出现的货币单位是德国马克，而非欧元。虽然日期是欧元时代开始之后的，但不足为证。这时，钓鱼式问题又成功让对方坦白。在一次谈话中，这位破产管理人称他将拿到签名分析报告。最后结果是，对方自动招认，节省了大量时间和工作。

重要的不是真正掌握证据，而是让这些"证据"在那一刻毋庸置疑。不论你是否能够掌握证据，都要作出一副已经拿到证据的样子，并让受审者深信不疑。

在一个案件中，有人点燃了被放置于农田的液化气罐，导致了剧烈的爆炸。调查围绕数名来自周围村庄的青少年展开。调查人员对嫌疑人提出以下钓鱼式问题："听说过卫星吗？它

第1章 撬开"金口"前，准备好正确的问题

们绕地球转动并拍照。照片非常清晰，甚至可以清晰地拍到报纸上的字。它们也被用来帮助农民播种。我们已经申请获取这片农场的照片，过几天就能拿到。我们会不会在照片上认出你来呢？"短暂迟疑之后，一名男孩承认自己可能出现在这附近。最终，他对自己的行为供认不讳。

结合诱导问题后，钓鱼式问题更加无往不利。诱导问题让对方觉得情况已完全明朗：不问对方是否曾去过某地，而是问对方什么时候去过某地。比如，当我们怀疑孩子偷吃糖时，我们可以直接问："你究竟吃了几颗糖？"

需要注意的是，伪装证据也要有界限。比如，不要跟嫌疑人说在钱箱上发现了其女友的指纹，因为他可能为了保护女友而把所有罪责揽于己身。

比较特别的钓鱼式问题，要属不在场证据检验了。听到对方的不在场证明后，你可以用一个小技巧检验真伪：假装自己知道对方当时所在地的细节。比如，如果对方称事发时他正在某高速公路上。在短暂的调查之后你可以问他："事发前不久，那条高速公路上有一辆货车翻车了，整条路都被封锁了。你当时是被堵在那儿还是改道行驶了？"无辜者这时会说他不知道这场事故。那么，审问结束。但过错者会冥思苦想并因此僵硬。如果他称自己改道或被堵住了呢？那他就露出马脚了。如果他

冒险称自己没有听说过这场事故，那么他的犹豫也会出卖他。

不在场证据检验问题适用于各种场合。如果男友告诉你，他昨晚在家里待着。你可以问他当时对面救护车的声音是不是真的像邻居说的那么吵，或者问他昨晚停电时他是怎么办的。同样的原理，无辜者状态放松，过错者变得紧张。

钓鱼式问题的原则在于，用具体或模糊的"可靠"证据迷惑对方，刺激过错者表现出明显的紧张。如果对方提出不在场证据，那么你要说得更加具体，捏造对方自称的所在地场景，以增加过错者的紧张感。

迷你测谎仪：微表情拆谎

编造谎言时，你首先会想什么？说谎者往往会更加注重谎言的内容，与此同时，表情等外在细节经常被忽略，而这正是揭穿谎言的关键。

当所言非虚时，人们的各交流渠道会保持一致，尤其是语言和表情。当所言为虚时，有些渠道则不一致。说谎时，两条相互对立的平行线会同时延伸，即真实和虚假。卡巴莱小品演员奥利弗·哈森卡姆普对此的总结最为到位："说谎的人毕竟想过真相。"

真相就写在脸上，因为我们的真实想法总会从脸上反映出来，即所谓的微表情。我们在瞬息之间，就会表现出一套反映真情实感的表情，无论是恐惧、愧疚，还是犹豫。简而言之，你可以在向对方提出关键问题后，马上从其表情上看穿其真正想法和感受。

紧随微表情而来的通常情况下是说谎者的面具：做作的微笑。说谎者故作微笑的次数大约比诚实者多 10 倍，这一点从眼睛周围的笑纹的缺席就可看出。但必须努力绽放所谓"标准式微笑"的售货员和空姐除外。除此之外，你应该多留点神。最重要的是在对方故意微笑前一秒关注其表情。

著名心理学家和微表情之父保罗·艾克曼研究过未经真正培训，便拥有出色拆谎能力的人。保罗·艾克曼的研究是刑侦美剧《别对我说谎》（*Lie to Me*）成功的基础。来自各个领域的 2 万名被研究者中（包括学生、警察、医生），只有 50 人发现真相的准确度超过 80%。这 50 个人被艾克曼称为魔术师，他们成功的秘诀就是本能地关注微表情！

动机问题和怀疑问题：识破说谎者放出的"烟幕弹"

动机问题就是换个角度让受审者猜测某人做某事的动机："你觉得，为什么有人纵火？"

无辜者对此已经有过思考，所以会坦率地猜测：寻仇、保险诈骗、蓄意破坏。他不假思索地使用强硬的言辞，认为作案者是蓄意为之，并经常表现出对作案者的鄙夷。

相反，过错者十分明确作案者的动机，但当然不想帮助调查员，所以他们一般会回答"我哪知道"或"我不能代表别人发言"。不但如此，过错者还会抓住一切机会干扰调查。比如，他怀疑这根本不是蓄意纵火，火源可能只是一个烟头或着火的电线。

如果是盗窃案，他可能会猜测，这可能只是一场误会，比如会计差错。如果他真正提到动机，他的所谓动机也等同于借口：个人原因、恐惧、误解、经济问题。只有一种例外：如果他提到非常具体的动机，则说明他在说谎。比如："他想报复老板，因为对方经常当众指责他。"

现在，你可以向前一步，提出怀疑问题："你知道是谁放的火吗？有没有怀疑对象？当然，我们的谈话内容不会有第三个人知道。"

此时，无辜者和过错者的思维模式又会出现典型的差别：无辜者的思维会一直围绕"谁可能是作案者"，可能会指出具体的嫌疑人，并给出有说服力的理由。过错者则希望尽可能地将自己置于案件之外，因此往往会声称不知道。他们可能是因

第1章 撬开"金口"前，准备好正确的问题

为不想再度说谎，或者觉得这个问题没有回答的必要。

此外，过错者绝不想帮助调查取得突破性进展，因此也不会缩小嫌疑人的范围。他的经典说辞可能是："我们中的任何一个都有可能，但也有可能是外部人员，因为进入仓库非常容易。"唯一的例外是，当案件中只有两名嫌疑人时，过错者通常会将罪责推卸到另一个人身上。

最后，你还可以调转矛头，提出担保问题，即"你能担保某位同事绝对不是过错者吗？"原理还是一样：无辜者无惧提到别人的名字，而过错者则非常讨厌，他不会将别人从嫌疑人名单上剔除，导致最后只剩自己的名字。因此，过错者的经典回答可能是："我没有了解任何人到可以为之担保的程度。"或者，他会作出一个看似闪着圣人光环实则毫无意义的回答："我可以为所有人担保。"

动机问题和怀疑问题的原理很简单：无辜者会坦率猜测，用简练的语言描述动机或嫌疑人，而过错者则会混淆视听，让调查员一直云里雾里。

迷你测谎仪：不合时宜的愉悦感

前段时间，我担任德国西南广播电视台（SWR）的脱口秀节目《深夜咖啡馆》（Nachtcáfe）的嘉宾时，旁边坐着一位骗

婚受害者。骗婚者同时与多位女性交往、订婚甚至结婚，部分交往对象还是未成年人。

我的第一印象是，这位男性骗婚者应该写一本关于时间管理的书。随后我很快否定了这一想法并仔细聆听受害者的陈述。

这位受害者额外注意到的一点是，那位男性骗婚者能把不愉快的事情高兴地描述为最好的体验。他有一次对妻子（1～10号）说，他又得整夜在雨中站在舞厅门口了。他自称拥有一家安保公司，当时正穿着一身印着"安保"二字的黑色制服，揣着手电筒，说完这句话就一脸高兴地离开了。

受害者当时虽然怀疑，但没有继续深究。她已经给我们提供了一个关键的说谎特征。因为继恐惧和愧疚之后，说谎者还有一种典型的情绪，即愉悦感。这种感觉并非假装，而是真心实意但却不合时宜的愉悦感。

听起来有些奇怪？当你撒谎时，如果对方相信了你的鬼话，那么你一定偷着乐过。或者，当你转租学生宿舍，而且因两个由订书针固定的宜家书架从租客那儿额外得到1 000欧元时，你肯定也偷着乐过。骗到别人的时候，人们经常会产生优越感，心里乐开花。

不合时宜的愉悦感，对于经验丰富的说谎者和骗子（比如道貌岸然的伪君子和骗婚者）而言，是一种非常典型的情绪。

第1章 撬开"金口"前,准备好正确的问题

托马斯·曼笔下的大骗子菲利克斯·克鲁尔就深受"说实话无能症"的折磨。

事实上,很多骗子都沉迷于欺骗所带来的刺激感。若非如此,他们很有可能成为多个职业领域成绩斐然的精英。那么,你该怎么办?很多时候,你都可以注意对方不合时宜的愉悦感。它们是证明对方说谎的有力证据。

我在多场演讲中播放过一个视频片段:一位母亲谎称年幼的孩子们失踪了,并在美国电视节目中称孩子失踪令她饱受折磨、难以入眠。但是,她的话还未说完,却自己咧嘴笑了。不久之后,她就招认了自己的所作所为。这段视频如果你感兴趣,可以到我的个人网站上找到。

惩罚问题:表示宽容?说不定是怕自己受罚

最后,你还可以使用惩罚问题识破受审者的花招。询问受审者,作案者这样的行为可能会产生怎样的后果,比如:"你认为,作案者应承受何种惩罚?"

无辜者通常会要求对作案者施以严厉的惩罚,如辞退、罚款、拘留等。如果作案者是未成年的孩子,就建议将其禁足在家或扣除零花钱。过错者通常会说一些理由,如"这要视情况

而定。必须仔细调查他为什么这样做",或者"惩罚应该弥补损失"。如果作案者是孩子,过错者还可能会说"他周日得少看点电视"之类无关痛痒的惩罚措施。作案者还常常会答非所问,或含糊其辞,如"这必须由法官裁决"或"也许应该对他提出指控"。

惩罚问题也可以更具体:"在什么情况下,雇主应该指控员工?是员工偷了1欧元、2欧元、5欧元、20欧元、100欧元还是1 000欧元的时候?还是当员工偷窃商品的时候?"无辜者通常会毫不妥协地表达对于惩罚的要求,而过错者则会纠结许久,再三斟酌。

下一步则是询问关于"第二次机会"的看法:"你认为作案者是否应该获得第二次机会?"无辜者可能会由于被冤枉、浪费时间和精力而这样回答:"绝不可能!他应该被扔进监狱,然后在里面发臭!"

相反地,若真的有罪,作案者当然希望获得第二次机会。比如,他会说"每个人都应该获得第二次机会"或者"这要视情况而定……现在还很难说……"。这时,你可以了解哪些情形在受审者眼里是情有可原的。这将大大增加你之后让对方成功坦白的概率。

面对惩罚问题以及第二次机会的问题时,通常情况下,无辜者会态度强硬，毫不妥协；过错者则再三斟酌，表现出对作案者的理解。

收场：4 个小问题完美收官

在访谈结束前抛出若干问题会产生不错的效果，但并非一定要问。虽然这些问题通常言简意赅，也往往能够得到访谈对象干净利落的回答，但其说服力不容小觑。

"你对谁讲过？"

"你对谁讲过我们今天的谈话？"无辜者需要向朋友或家人讲述之前发生的谈话。无论如何，他因为毫不相干的事情受到了不实指控。但过错者不希望任何人听到风声，如果有的话，他也许只对关系最亲密者讲过，因为他必须赴谈话之约。

这时，你可以继续追问："你的妻子反应如何？"过错者会害怕妻子表现出担心而对他造成不利影响，因此，他的回答往往是："她很好奇，但除此之外什么也没有了。"

"你愿意共同承担损失吗？"

向受审者建议弥补被偷者的损失也是不错的方法："不管

怎样，穆勒先生现在没手机了，因为有人把他手机偷了。真是倒霉的家伙！你愿意跟同事一起凑份子给他买部新手机吗？"

无辜者几乎不会有此意愿，而是会说："他自然很倒霉，但这跟我有什么关系？"过错者则反复考虑，最后通常会同意："好吧，我加入，虽然这不关我的事。"因为这样做的损失较小，不必被惩罚或弥补整个损失，只需拿出点钱。

那么，万一对方是个乐于助人的无辜者，又当如何处理？该如何识别？在对方表示愿意凑份子为被偷者买手机后（虽然他完全不情愿），接着问他是否也愿意凑份子补偿与手机一起失窃的50欧元。如果他连这个都同意，那你碰到了少见的、真正乐于助人的人。

但是，如果他这时果断拒绝并说："为什么？这跟我毫无关系！"那么他就露出马脚了。为什么他愿意共同支付毫无干系的手机费用，而断然拒绝同样毫无干系的失窃现金呢？这就表明，他与此案必然有关！

需要注意的是，你编造的第二个金额必须低于第一次提到的金额，如此才能让好心人表示赞同，同时让过错者的愤怒更加明显。如果受审者表示虽然不是自己的错，但仍愿意凑份子，这就表示他可能有责任，尤其当他强烈抗议弥补受害者其他损失的时候。

第1章　撬开"金口"前，准备好正确的问题

"你说谎了吗？"

"在今天的所有谈话中，你有说谎吗？"这是拆穿谎言的语言学问题系统中，最重要的问题之一。

面对这个问题，无辜者会明确否认，因为他没什么要撒谎的；但过错者不同，他会犹豫并表现出说谎者的特征。里德在写到这一点时十分惊讶，因为许多过错者会说："我时常被人们冤枉撒谎，也许现在又是这样。"

如果对方的反应非常谨慎，你可以用结果问题追问："如果最后发现你说谎了怎么办？"或者"你觉得调查结果会如何？"此时，无辜者会坦率地回答："最终将证明我的清白。"过错者会因底气不足而回答得比较谨慎，如"我们拭目以待"。

"你会怎么做？"

"如果你被调查，你现在会怎么做？"这个最后的问题，看起来像是你在询问对方的建议。无辜者会给出建设性建议，因为查明真相于他有益。他可能会说："我会弄清楚那天谁在值班，还会问食堂的工作人员在那都看见了谁。"

过错者则会自我保护，不想为调查员提供即使最细微的帮助。他不会给出建议，或只给出毫无价值的建议。他忙于说谎，根本无暇去思考这些东西。

别带着偏见与情绪去提问

在《柏拉图对话集》(Plato: Seven Dialogues)的《枚农篇》中,苏格拉底曾非常巧妙地向一个未受过教育的年轻奴隶提问:他让对方解答一个复杂的几何问题,即计算一个正方形的边长,该正方形的面积为另一已知正方形的两倍。苏格拉底提出一系列问题,最终引导对方理解了该几何题,并借此向我们展示了如何使用正确的提问技巧成功地控制对方。

在提问方面,我们每个人本质上都是天才。儿时,我们不停地提问,因为当时我们不会认为任何事物的存在是理所当然的。对于大多数人而言,这项技能在成年之后荒废了。

要进行成功的审问,除了好奇和坚持,还需要一系列特别的技巧,而你已经了解了其中最有效的部分。这些方法不仅能够帮助你获取信息,还能诱使对方露出马脚,并最终帮助你拆穿谎言。

询问中,你必须完全保持中立,而并非只是假装中立。如果一开始就认为对方有错,那么无论他是一名私自泄露数据的员工,还是将别人车子撞凹的孩子,我们总能找到证明他们有错的表面证据。这就是著名的证实性偏见,即人们更希望先入为主的观点被证实,导致只能看到与期待结果相一致的东西,

第1章 撬开"金口"前，准备好正确的问题

从而屏蔽了与之对立的因素。

举个例子，某公司女员工控告同事对她进行骚扰。她称接到过电话和邮件，车上也会定期被贴纸条。在第一次审问之前，审问员已认为那位男同事有罪。幸好另一位经验丰富的审问员对那名女员工进行了更加详细的审问，并最终发现她说谎的事实。原来，她想让老板将自己调往男朋友所在的分公司。

另一个案件是发生在大型商场的入室盗窃案。失窃物主要为首饰，多个玻璃柜被打碎。案发当晚，夜巡保安本应听到声音并阻止罪犯，但并没有。因此，他成为头号嫌疑人。人们立即认为，作案的肯定是他，至少他一定是共犯。后来才查明，这位保安每晚都会在那个时间点去咖啡馆吃三明治。入室盗窃者发现了这一规律，并在其离开的半小时里展开了一次快攻。

再例如，服装店老板放在办公室零钱箱里的钱经常消失，因此两位领班立即成为众矢之的。但事实是，一名售货员趁老板某次外出吃午饭时，拿走了钱箱的钥匙，并迅速复制了钥匙。这样，他每两个月就从箱子里偷三次钱。

温馨提示：如果一家公司内连续发生一系列盗窃案，作案者通常是同一个。如果所有的钱都不见了，而且盗窃案很引人注目，那么作案者往往是本没有机会接触这笔钱的人。

历史教训：不要太快下定论，以免被某些看似合理的东西误导。人们理解事物的方式各不相同，但情绪往往能让人做出最不理智的举动。事实总是与你的最初设想不尽相同。

如果你真的保持中立，并清楚地向对方表达了这一点，使审问不像审问而更像谈话，那么你将收获许多更有价值的信息。但如果一开始就劈头盖脸地指责和控诉，你就会激起对方多种情绪的集中迸发，导致真相被埋没。

科学界对此的看法完全一致。加拿大的犯罪学专家麦克·圣-伊夫斯及纳丁·德斯劳力斯-法林表示："我们认为，访谈调查的核心前提是寻求真相，而非不计一切代价地让受审者招供。"

无辜者与过错者在基本态度上有根本区别。虽然两者都会感到一定程度的恐惧，但无辜者的态度趋向积极，会将访谈视作证明清白的机会，而过错者将访谈视作威胁。因此，无辜者的表达清楚明白，因为希望洗清冤屈；而过错者的表达则不那么清楚，有时是含糊不清的咕哝，说话声音也小。

相应地，无辜者更担心审问者的无能，而过错者则担心审问者太过优秀。因此，无辜者的紧张感在专家进行的访谈中会下降，因为越来越相信真相一定会大白于世；而过错者的紧张感则会上升，因为他越来越害怕真相水落石出。

第1章 撬开"金口"前，准备好正确的问题

基本原则为，过错者在问话中始终在思考如何回答，他们犹豫，假装咳嗽，一直要上洗手间。尤其在关键时刻，上洗手间的情况更为常见。他们希望能够借此拖延时间，并试图打断看似势不可挡的、披露真相的进程。最后，他确实必须在哪儿上个洗手间，因为进化论告诉我们，危险临近时，必须轻装上阵——为了方便之后逃跑。

在访谈中，你应保持相对友好的表情，保持与对方的目光接触，但不要咄咄逼人。访谈前准备一张问题清单，记录对方对每个问题的反应。无辜者不害怕上一个答案和下一个问题之间的间歇和沉默；而过错者会，他们往往会在此期间不断说话，以更正之前回答中的纰漏——这又是另一个拆穿他们的机会。

此外，无论是作案者还是受害者，识别有心理障碍的人十分重要，因为能够凭空想象对别人的指责并对此深信不疑的受害者并不罕见。如何识别？你可以问他们是否还知道其他未被发现的犯罪行为。如果从他们口中听到一长串荒谬的控诉，你便知道答案了。你还可以问他们，是否以前被冤枉过，因为有些人可能一直觉得自己是受害者。

如果你在谈话中并未发现说谎的痕迹，也不要在分别时马上告知对方这一点。否则，如果出于某种原因需要再次与之谈

话，那么下次谈话中你将处于不利地位。因此，最好让一切悬而未决，跟对方说："如果还有什么不清楚的，我会联系你。"

即使发现最轻微的说谎痕迹，你也要立即开始下一次审问。因为谈话氛围已经形成，如果心里有鬼，对方通常会有强烈的恐惧感。

现在，我们再次回到行李箱炸弹案。要知道，并不是所有案件都能像此案一样无严重后果地结束。

1955 年，曾有一位名叫约翰·格雷汉姆的男子在机场帮母亲托运行李，他将几瓶带有易燃成分的硝酸甘油装进了行李箱。飞机起飞数分钟后，行李舱爆炸，所有乘客无一生还。格雷汉姆成为怀疑对象，最后被处以死刑。因为有人看到他在机场的人寿保险自助机旁，慌慌张张地用硬币申请保险单。

自那以后，现代安保预防措施发生了很大改变。但是，即便我们赤身裸体、四肢被绑地蹲在飞机上，也不能保证绝对的安全，说不定不久之后就有人利用一个不曾被怀疑的身体部位进行恐怖袭击。

自由需要付出代价，无意义的、朝令夕改的安保措施，制造了表面上的安全。相比强迫乘客遵守毫无意义的安保规定（如将液体放置在透明容器中等），不如像以色列航空公司那样，培训员工识别谎言、识别危险以及数秒内通过几个问题确定嫌疑人的能力。一位以色列高官如是说："我们始终认为,找到潜在恐怖分子比找到他的炸弹有效得多。"

牛津教授笔记

开场：此次谈话针对××事件，我将找到真相。

　　无辜者：放松

　　过错者：强烈的恐惧感

目的问题：我们今天谈话的目的是什么？

　　无辜者：回答明确

　　过错者：模棱两可

条件反射问题：墨盒放在哪里？

　　无辜者：无反应

　　过错者：行为变化

直接问题：是你干的吗？

  无辜者：坚定地表明清白

  过错者：犹豫地回答

对比问题：你曾经偷窃过吗？

  无辜者：经历谈话以来最大的争论

  过错者：相对放松

开放式问题：告诉我你知道的一切。

  无辜者：即兴回答

  过错者：准备好的回答

连续性问题：

- 细节：告诉我关于同事的细节。
- 解释：你当时为什么在那？
- 感受或想法：你当时感受如何？

  无辜者：放松

  过错者：一直面对新的挑战

强化技巧：

- 快速射击法：闪电式提问
- "之"字形审问：打乱时间顺序
- 提问顺序：从具体到笼统

钓鱼式问题：你有没有可能出现在监控视频中呢？

  无辜者：放松

  过错者：变得紧张

强化技巧：

  不在场证据检验问题：你有改道行驶吗？

动机问题与怀疑问题：

- 你觉得为什么有人纵火？

  无辜者：使用强硬的言辞

  过错者：模棱两可

- 有可能是谁？

  无辜者：展开思考

  过错者：表示不知道

惩罚问题：

- 你认为作案者应承受什么后果？
- 你认为作案者应该获得第二次机会吗？

    无辜者：要求予以重罚

    过错者：表示理解

收场：

- 你对谁说过今天的谈话？

    无辜者：朋友／家人

    过错者：没有任何人

- 你愿意凑钱帮助（受害人）弥补损失吗？

    无辜者：通常愤怒

    过错者：思考之后赞同

- 你也愿意凑份子弥补（受害人）之前被偷的财产损失吗？

    无辜者：如果极其乐于助人，仍会赞同

    过错者：愤怒地拒绝

- **你说谎了吗？你认为结果将如何？**

    无辜者：否认

    过错者：犹豫

- **如果发现你说谎了怎么办？/ 你认为调查结果将如何？**

    无辜者：坚信将被证清白

    过错者：不确定

- **如果你正被调查，你会怎么做？**

    无辜者：建设性建议

    过错者：没有或者只给出毫无意义的建议

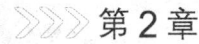

第 2 章

"谎"路对峙，胜在气势

小时候，爸爸还没张嘴问，你就赶紧承认你偷吃了糖果；长大后，老师只是盯着你的眼睛，就让你说出了没交作业的真实原因；现在，陌生人也能牵着你的鼻子走了。

他们究竟是如何做到的？本章将教会你如何"以势压人"，让你变得跟他们一样犀利。

贾罗德·金茨

肯尼迪遇刺时我不在现场。尚未出世是很好的不在场证据。尽管如此,如果警察问我当时在哪里,我会告诉他们:"我和你在一起。"

第2章 "谎"路对峙，胜在气势

第二次世界大战（以下简称二战）中期的某一天，一位德国将军率领他的参谋部，来到位于德国上乌瑟尔镇的"西部鉴定站"，即德国空军审问中心。这些军官想观摩最负盛名的审问员汉斯-约阿希姆·沙尔夫如何审问。他们很好奇，那些令人难以置信的、定期从审问中心送来的情报从何而来。

这些军官在审问室找位置坐下。随后，一名在紧急迫降后被俘虏的美国空军飞行员被带了进来。沙尔夫礼貌地致以问候，但年轻的飞行员一看到他背后那支勋章加身的"近卫队"，便预感没什么好事。

沙尔夫向飞行员提了几个问题，但对方守口如瓶，只肯透露《日内瓦公约》要求提供的信息，以避免被当成间谍处死。时隔多年,沙尔夫仍不无惊讶地回忆道:"他双眼紧盯我的右耳,一遍一遍地重复自己的姓名、军衔、编号。我怀疑他可以一直重复下去。虽然我希望审问出想要的结果,但由衷地佩服这个意志坚定的小伙子——他的自我保护简直毫无破绽。"

这名俘虏始终沉默着,前来学习的军官逐渐丧失兴趣。突然,这名俘虏站了起来,并将一切和盘托出。沙尔夫回忆道:他告诉我们他们驻扎在何处,何时起飞,执行的任务是什么,他的呼叫信号是什么,他们飞行大队的情况,部队番号,他的飞机编号和型号,他如何被击落,如何被俘虏等一切信息。这一切得来如此不费工夫,以至于我的汗毛都竖了起来。

"我背后的将军和他的随从大军,一脸诧异地看着这一切。他们肯定在想:'这场审问的秘诀是什么?'最后,将军说:'我必须对你和你高超的审问技巧表示钦佩。太震撼了!真的你果然名不虚传。你必须得到晋升!'"

当我提到"最负盛名的纳粹审问员"时,你的第一反应是什么?大概是酷刑和暴力吧?但你现在已经知道,即使在纳粹时代,这些手段也并非最行之有效。

那么沙尔夫的秘诀究竟是什么?在这之前,我们先深入了解一下这个男人。汉斯-约阿希姆·沙尔夫在二战爆发前只是

第2章 "谎"路对峙，胜在气势

一介平民，生活非常之国际化：他与一位英国女人结婚，在二战开始、重回德国之前，曾在南非某公司任职经理，最后进入德国空军审问中心。除了苏联飞行员外，沙尔夫审问过所有的敌军飞行员。

他如此回忆初到德国空军审问中心的生活："我曾亲眼看到我军审问员保尔，用疯狂的嘶吼声将一个完全吓坏了的战俘逼到房间的角落。那一刻，我不禁问自己：'如果我也是审问员，我的做法会不会与他截然相反？'同样身为军人，我能理解战俘拒绝投降，并以军人的方式捍卫忠诚的做法。很久以后我才明白，当战俘真的忠于国家并且信念坚定时，这样的理解往往能软化他们，即使是最强硬、最顽固的战俘也不例外。"

与每一位优秀的审问员一样，为了让受审者开口，沙尔夫首先会与对方建立联系。在当时，有些美国俘虏预计对方会用美酒、美人、美食引诱他们开口，但大部分人预料的都是酷刑和暴力，尤其当他们在去往上乌瑟尔的路上亲眼看见一路上的狼藉时。因此，沙尔夫的友好态度收效甚佳。

沙尔夫说："请抽一支香烟。万一你吸了几口发现有点晕，千万不要以为是我动了手脚，那可能只是因为你太久没抽烟了。这是我们特意请人在荷兰为你们生产的西点牌香烟，希望合你们的口味。也许你们有自己偏爱的牌子，但很遗憾我此刻无法奉上，如果可以的话，我倒希望可以从美国红十字会那儿得到些战俘供给品。"

当妻子给自己寄来蛋糕时，沙尔夫会在审问中将包裹拆开，与受审者一起分享。他甚至与战俘一起去附近的陶努斯山脉旁的森林散步。他说："请你以军人的尊严向我承诺，你不会在散步期间企图逃跑，这样我就不用带卫兵或机关枪了，而且我反正也不能将你击毙。等我们回去之后，你可以自由计划逃跑，因为那时你就不归我管了。"

回忆起某次成功（获取较多信息）的散步时，沙尔夫说："结果证明，如果平日里很健谈，那么我们一起散步时，他几乎不可能保持沉默。他在美国培养的性格使他无法忍受这样压抑的气氛，所以他开始聊自己的事情。"

如果对方保持沉默怎么办？关键在于，利用微不足道的小事让他开口，无论这些小事与审问内容是否相关。打开对方的话匣子，才会使谈话变得简单。在这方面，审问者需要向医生学习，因为医生在诊断时总能了解到很多信息。

转换到日常生活中，你可以向对方提出与审问毫无关系的问题，答案最好还能给对方带来好处。比如，"你知道现在几点了吗？"或者"你饿了吗？"最重要的是打破沉默。

开局已定，但结局尚不令人满意。通常情况下，沙尔夫一

第2章 "谎"路对峙，胜在气势

开始总听到千篇一律的回答：姓名、军衔和编号。后来，沙尔夫发现并完善了处理这种情况的审问技巧，从而成为审问领域的传奇人物。他会让对方觉得自己已然洞悉一切。以下是他在某次审问中的做法：

  沙尔夫："请告诉我你最后一次执行任务的日期。"

  受审者："你已经知道了，还是这只是你耍的花招？"

  沙尔夫："我当然知道，但我希望你告诉我，因为我现在要填这张表格。"

  受审者："我怎么知道你不是在骗我？"

  沙尔夫："好吧，我把日期写到这张纸条上……写在这……然后你告诉我……然后我们再一起看我写的日期。可以吗？"

  受审者："成交。"

  沙尔夫："那日期是？"

  受审者："5月2日。"

  沙尔夫："你看，5月2日，对吧？"

事实上，最后一次执行任务的日期是沙尔夫掌握的唯一一个具体情报，对方之后提供的情报对他而言都是新的。

案例直击

只用一句话，轻松问出美国飞行员的暗号

某次审问之后，一名战俘问沙尔夫是否真的早就掌握了他刚刚坦白的内容——关于其所在的474部队的所有情况。沙尔夫给同事打了一个电话，请同事将474部队的卷宗拿来。该同事接令而来，沙尔夫说："把编号'9.USAAF，474作战部队'的卷宗递给我。"

之后，沙尔夫假装看着那些页面，全神贯注地阅读了几分钟，然后跟对方说"一切正确"，美国士兵目瞪口呆地看着他。他的同事当然是在接到电话后迅速在装满废纸的文件夹上写上编号的。

事实上，美国士兵透露的许多情报，沙尔夫事先都毫不知情。这时，沙尔夫就可以非常不经意地提出他真正关心的问题。比如，为什么美国人突然使用白色的曳光弹。他不经意地说："美国工厂用来生产红色曳光弹的化学剂也许用完了吧。你们在近距离作战中使用的白色曳光弹，凭肉眼肯定很难识别，所以你们才总是一次使用一整串，有时10发、20发，有时50发。"

在此之前，沙尔夫已经用自己了解的细节震惊了对方。

第2章 "谎"路对峙，胜在气势

他说："我已经与他聊了数小时我、他本人及他部队的事情，这些情况我已经掌握，唯独白色曳光弹的事情还不甚明了，因此，我装作不经意地说出这些话，而他立即想纠正我。"

计划开始奏效，对方说："哈！汉斯，你太荒谬了，我们什么也不缺。白色曳光弹是我们提醒自己的方式。如果你看到10发或者任何数量的曳光弹，这意味着你现在最好果断返回，因为你刚刚把最后一发子弹打完了，火炮已经空了。"接着，沙尔夫会假装毫不在意，仿佛听到的事情无关紧要。

"我将谈话引到一个稀松平常的话题上，比如美国的集中供暖。我假装对他的回答毫不在意，但大脑却在快速思考刚才的情报对我军的战斗机飞行员有多重要。因为看到这些白色曳光弹，他们就知道敌军战机已经弹尽粮绝了。"

让对方觉得审问员已洞悉一切，这种技巧对全世界的审问都影响深远。数十年后，美国审问专家克里斯·麦凯写道："德国空军审问大师汉斯·沙尔夫在二战期间获得了震撼人心的成功。受他的启发，当掌握了足够多关于敌军训练、人员和组织

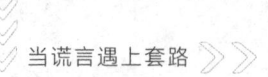

的情报时,我们也可以取得更大成功。"

这一技巧并非只适用于极端场景,还适用于生活中的任何场景。小时候,你什么时候会向父母坦白?当你以为父母已经掌握足够证据的时候。该技巧的效果显而易见,并经过了科学检验。大量研究结果表明,已掌握信息的多寡是促使对方坦白的最重要因素之一。

英国的一些心理学家在旁听了超过1 000次警察审问后指出:当受审者认为对自己不利的证据非常少时,只有10%的人会坦白;当受审者认为警察掌握的证据非常有力时,67%的人会选择招供。

冰岛心理学家吉斯利·古德琼森和汉尼斯·彼得森曾问过已招供的因犯,当初为什么招供,得到的结果与英国心理学家相似。根据现有认识,当过错者认为对方掌握的证据对自己明显不利时,招供的概率至少会提高3倍。需要注意的是,起决定作用的并不是真正的证据多有效,而是让对方以为,我们掌握的证据足够强力。

射人先射马,擒贼先调查

处理案件时,我们都应该谨记"审问之前先调查"的箴言。

第2章 "谎"路对峙，胜在气势

正如《库巴克审问指南》所说:"几克重的调查可能比一千克重的问题更有价值。"

因此，应始终首先对话嫌疑最小的人，最好是受害者，因为他们没有任何隐瞒。无辜者往往能提供很多有价值的情报。你事先对嫌疑人了解得越多，就越有利。

在一个案例中，一家餐厅保险箱中的大笔现金失窃。这件案子看起来像是一次入室盗窃，但警察很快察觉，门并非是被撬开的，这意味着入室盗窃是伪装的。因此，作案者可能是餐厅一名拥有钥匙的员工。果然，第二天就有一名员工辞职。因此，他迅速成为头号嫌疑人。警察的应对非常机智：首先与其他所有员工谈话。

在此过程中，警察得知头号嫌疑人吸食毒品的事实，并获知他经常与一名曾因偷窃车辆而被判刑的餐厅前员工见面。从这些问话中巧妙得来的情报，让嫌疑人招供变得十分简单，虽然警方并未掌握确凿证据。

在另一个案例中，某商业大厦被部分烧毁。调查发现，这是一桩故意纵火案，而火源在会计办公室，但那里没有任何被闯入的痕迹。不久之后，经验老到的警察发现，有个柜子里面的商业报告被烧毁了。最后查明，事发一天后是审计账目的日子。警方本可以尽快审问所有会计部门的员工。但在此之前，他们宁愿更多地了解关于这些员工的信息。很快，他们确定一名会计有高度嫌疑。

警方从嫌疑人的前雇主处得知，嫌疑人所做账目经常金额不对，而错误被发现时，他都很情愿地自掏腰包弥补损失。以这种方式，警方收集了足够的证据。如果警方只是出于怀疑，而且在没有任何线索的情况下审问该会计，那么调查可能进展不大。

能掌握有力线索已经非常令人兴奋了。正如前文所说，即使调查案件时有一群调查员和专家参与，也极难掌握铁证。难以置信吗？比如这个典型的抢劫案：一名男子结束派对后，在漆黑的、空无一人的回家路上，被人重重击中头部，随后晕倒在地。第二天早上，他发现自己的包不见了。没有指纹，没有物证，只有五个在这附近被目击的嫌疑人。

化敌为友，没有什么不可以

如果严刑拷打没有明显效果，那么如何在劳改营中成功完成洗脑工作？下述经久不衰的至理名言能作出很好的解释：内部及外部因素一直在影响我们。

内部因素即我们的看法和价值观，外部因素即周围环境对我们的期望。我们总是试图将内因和外因协调一致。当他人对我们的要求与我们的认知有所偏差时,我们会感受到矛盾。为解决这一矛盾,我们可以拒绝这样的要求。但在审问中,尤其是长时间的审问中,拒绝是不可能的。这时,更简单的方法是改变对方的价值观。

这一过程被称为"融解—改变—凝结":融解即化解对方内心的矛盾(比如通过剥夺睡眠或伪装证据);改变即改变对方所相信的东西,摧毁对方原本相信的一切;凝结即最终使受审者接受新的价值观和行为标准。

在此过程中,关键要将对方与外界隔绝。因为只有与原先的环境相隔绝,他们才会接受新的价值观。此外,利用不安、疲劳、饥饿、寒冷,长时间向对方施加心理压力,而塑造新的价值观时,必须引发对方的愧疚感。这样的重重压力能剥夺他们的判断能力和反应能力。

需要注意的是,即使是成功的洗脑,药效也不会太长。对大部分美国囚犯的观察结果显示,一旦他们回到熟悉的环境,洗脑的效果就会消失。

"以势压人"——不冒充将军的士兵不是好士兵

重要的是严格区分访谈和审问。访谈时,我们需要表现得

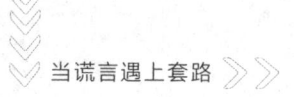

平易近人；审问时，我们必须表现得很威严。这两者完全不同。

审问中的威严并不是不友好，而是保持专业态度。里德建议我们表现得像一位忙碌而权威的医生，出场时充满自信，病人等待他时充满紧张。

里德说："审问的成功与否，很大程度上取决于第一步和第一印象。"审问员必须一开场就掌握主动权。在见到受审者时，无论对方是你的员工还是你的孩子，如果对方是站着的，则语气坚决地请对方坐下；但如果对方是坐着的，只在问好时站起来，则示意对方重新坐下。

虽然沙尔夫只是一名二等兵，但大部分受审者都以为他是高级军官，这并非偶然。若受审者将审问员视为权威人物，获取真相的机会则更大。因此，战俘的审问员不佩戴任何军衔徽章，以使受审者无法辨别他们的身份高低。

心灵的释放，即解脱，对于招供也很有帮助。美国心理学家斯坦利·米尔格拉姆做过一个著名的心理学实验。

实验中，一些参与者必须在其他参与者（他们事实上是斯坦利串通好的演员）回答错误时，对他们施以电击。随着实验的进行，他们充满痛苦的叫喊声越来越响。为什么这些品行端正的人会参与实验呢？为什么他们要按下按钮给别人带来看似无法承受的痛苦？只因为一位心理学家如此要求吗？

第2章 "谎"路对峙，胜在气势

这些不知情的参与者后来说，他们不想让这位心理学家失望。"听命于他人"的人会无意识地追随（虽然不知道发生了什么），而知情者则非常清楚自己的行为，并有意识地做出决定。这种典型现象表明，当希望讨好他人（如某权威人士）时，人们会特别听话。

这一观察结果对于审问而言具有根本意义。在审问中，即使受审者的利益往往受到损害，也会服从本不想服从的指令，进而吐露出真相。为了达到这一效果，审问员必须表现出权威。

审问中切勿言辞粗暴，要举止得体，衣着正式。当需要展现权威时，服装的作用不容小觑。20世纪50年代的一个心理学实验证明，当穿着西装扎着领带的人带头时，人们更容易闯红灯过马路。

现在我们一起了解里德审问法著名的第一步：正面对峙。这意味着你清楚地向对方表明，其罪责已毫无疑问。对峙言论应明确，但要语气冷静，不带攻击性，切忌声音过大。比如，"贝尔纳尔先生，毫无疑问，是你拿走了那台笔记本电脑。这是我们调查得出的唯一结果"。复数人称"我们"加强了权威性，因为给对方造成一种全员参与调查的假象。

除此之外，还有其他典型的对峙言论，如"我们已经跟所有人谈过话了，而你是唯一一个经调查后仍无法排除嫌疑的人",或者"我们的调查明确显示,你在电脑失踪案中没有说实话",或者,"我们知道发生了什么,并知道是谁干的。我们唯一不知道的是你为什么这么干,所以才有了今天的谈话。"

正面对峙的原理与之前并无二致,但你要使自己所说的与当时的情景以及掌握的信息相符。这和访谈的原则相同:切勿使用太具猜测性和威胁性的表达。不要说"是你偷的",而要说"是你拿的";不要说"你诈骗",而是说"你不老实"。因为希望听到真相,你就必须尽可能地让对方轻松地说出真相。相反,如果让对方联想到耻辱和严厉的惩罚,那他说出真相的难度就加大了。

正面对峙是一种具体的进攻手段。因此,有人认为它不适合用来揭穿谎言,因为必然会引起对方模糊的行为改变。但这一观点已经被推翻。对谈的目的不是观察和猜测对方,而是诱使对方说出真相。一旦提及对谈中的典型问题,如"钱是你偷的吗",对方就会认为还有机会欺骗审问员。

在正面对峙中,对方必须考量其他因素,他会恐惧加剧、犹豫不决。因为你并不是在提问,而是在陈述事实,这意味着他不可能被"无罪释放"。如果你8岁的孩子弄坏了什么东西,你可以说:"毫无疑问是你干的。唯一的疑问是,事情是如何发生的。"

第2章 "谎"路对峙，胜在气势

如果需要用控告与嫌疑人正面对峙，审问时间不要过长，否则，你营造的压力氛围就会失效。控诉结束后，留出3～5秒的停顿时间。毕竟，谁会相信喋喋不休的售货员的话呢？审问员就相当于在讨价还价，只是需要对方付出的不是金钱，而是真相。

就像讨价还价一样，我们不能让对方看出自己有很大的兴趣。因为对方会想，如果证据如此确凿，审问员又何必对自己的供词如此期待呢？审问员应该更多地让对方觉得，坦白是自己的一个机会。因此，我们应向对方表达以下观点："你是否坦白对我个人而言无所谓，证据可以证明一切。我在这里花费时间，只为给你机会解释为什么会发生这件事。"

如果你的汽车被进行了不必要的维修，那你可以告知修车师傅，他不诚实的行为已经很明显了，你现在只是给他一个解释自己错误的机会。

你需要让对方明白，目前唯一不明确的问题是"为什么"。除此之外，所有事情都已水落石出，你给出的只是一个对方解释其行为的机会："我现在完全可以直接将报告交给上级，然后结束这一切，但也可以坐下来听听你为什么这么做。"或者"我今天之所以坐下来跟你谈话，是因为我想了解当时的情况。一个人做某件事的原因往往比事情本身重要得多。"

审问专家内森·高登和威廉·弗莱舍说过这句话："真相迟早会水落石出，你的谎言只能推迟这一过程，却无法阻止，但你拖得越久，对你就越不利。"

以柔克刚，攻破"否认"之墙

正面对峙可能会让受审者直接全线崩溃，然后供认不讳，但也很可能会遭遇否认。这是他们最爱的把戏之一，即在审问的关键时刻否认。这种情况由来已久，而且往往令很多审问者束手无策。对此，里德说："否认阶段是每场审问中最艰难的阶段之一。如果不对此进行专业处理，那么审问员之前的一切努力都可能付诸东流。"

首先，你应该尽可能无视那些喃喃细语般的否认，表现得就像你早已预料到了这种情况一样，然后继续审问。如果对方站起来并往出口方向走，你也应该若无其事地继续说下去，只是顺便提醒他，应该坐回原位。

如果你问他为什么站起来，那么他便不得不离开房间，以免看上去在向你示弱。这与应对讨价还价时对方的威胁相似，无视是最好的武器，因为如果威胁不奏效，双方都不丢脸。

如果对方非常大声且愤怒地予以否认呢？你要知道，如果对方真的无辜，他会从一开始就竭尽所能证明自己的清白，然后才会真正发怒。无辜者不会将时间浪费在无礼举动上，而是立即脱口说出："这与我无关！"除此之外，无辜者不会做太多事情，更不会执着于一些看似否认的行为。

要识别无辜者轻而易举，因为他会斩钉截铁地否认你对他的指控。他会愤怒，会直视你的双眼，并说："真是荒谬！"尽管如此，我还是建议你维持一会儿正面对峙，以扫清一切疑虑。

过错者会越来越感觉到自己掩盖真相的希望渺茫，慢慢变得听天由命，否认力度也渐渐变弱。过错者会在否认之前，以语言或非语言的信号暗示自己现在想说话，比如手势、寻求目光接触或等待你的停顿。

过错者可能会问："我现在能说话吗？"他有可能进行模糊的否认，或提出这样的问题："你为什么认为是我干的？"因为他想以此拖延时间并获得更多信息。

过错者想知道，有哪些对他不利的证据。审问员此时不应予以理会，而是指出，现在还没到谈这个问题的时候，现在的首要任务是找出这件事发生的原因。

如果对方在问题还没问完时就进行了否认，那么可能意味着他做过这件事，因为过错者一开始便十分清楚自己面临什么指控。过错者还有一个特别喜欢用的花招，即特定否认——只否认指控的某一方面。比如："我没有从收银台拿走2张50欧元钞票。"过错者往往大声且激动，与无辜者的否认十分相似。但你仔细想就会发现对方根本没有否认，他只是说没有拿2张50欧元面值的钞票，但可能拿了5张20欧元面值的钞票。

对于否认的分类就到此结束。交谈时只需仔细观察，但审问却不同。在审问中的否认阶段，一旦发现受审者往某个方向移动，你就必须立即采取措施，尽快阻止其否认。这是因为人们往往不喜欢纠正已经讲过的故事，而希望保持行为的一致。

如果某人在否认之后招认，就必须进行两次招认，这样一来，事件本身和刚刚撒的谎就会相互矛盾。因此，许多受审者通常会始终坚持自己所讲的故事，不管它多么荒谬、反驳的证据多么确凿。尤其当受审者当着许多人的面时，这一点更加明显，在场多出来的每个人都会加大招供的难度。

理想的情况当然是受审者一次谎都不说，那他就必须保持沉默或从一开始就说实话，这就使得审问变得多余。因此，过错者往往会一开始就说谎，这些谎言在审问中必须被当作线索使用。于是，明确区分审问和正面对峙就显得更加重要。在对峙中，你要明确告诉对方，现在他说的一切都有效，而且必须将否认扼杀在摇篮之中。

如何扼杀？一旦发现上述否认的迹象，你可以漫不经心地

第 2 章 "谎"路对峙，胜在气势

举起手来。举起手来不是为了以暴力威胁对方，而是一个纯粹的暂停手势。你可以转过身去，中断与对方的目光接触，让自己的肢体语言与所说的话相一致，以表现出对其否认言辞的不感兴趣。

然后，你可以说出也许最有效果的一个词——他的名字，以让对方闭嘴。它就像装在对方身上的开关，能让他从说话模式切换到倾听模式。紧随其后的是所谓的控制语，以将对话带回你想要的轨道，即脱离否认轨道，进入招供轨道。你可以说："在你继续说话之前，我想再跟你说明一下这场谈话有多重要。""他们并没有将你的名字从名单中划掉。你应该已经意识到，我们掌握了大量对你不利的证据。结束这一切的最好办法就是说出真相。""你应该停止无意义的抗争，努力争取宽大处理，这才是最好的选择。"

始终需要注意的是，不要提高音量或充满攻击性，而要保持放松和克制。你不想指责对方，只是想揭露真相。你可以在整个谈话过程中使用举手、说名字和控制语所组成三角组合，因为有些人总是试图否认。

这时会发生什么？无辜者会明确否认并表现出真正的愤怒，而过错者则变得更安静，听得更仔细，因为他想详细了解审问员对自己的所作所为究竟知道多少。需要注意的是，如果受审者来

自其他文化背景或十分权威时，他们即使无辜也有可能沉默。

一旦推测对方是无辜的，我们应该立即停止对谈吗？不，因为这时候还远不能确定事实如何。如果已经进展到这一步，就不应停止，而是想方设法达到目标。

让希特勒一无所获的审问

希特勒的刺杀者格奥尔格·埃尔塞的动力是什么？他怎么会先于施陶芬贝格多年，在1939年就意图刺杀希特勒以及纳粹几乎所有头目呢？那颗放置在慕尼黑市民酒窖的炸弹只不过晚了几分钟爆炸，否则将使人类免于二战。

据希特勒的情报局首领瓦尔特·施伦堡回忆，埃尔塞还未被捕，希特勒就做出了如下要求："我想知道，这个埃尔塞是什么人。你们要用尽一切手段让他开口说话。将他催眠或给他用药，将所有能使他招供的手段都用在他身上。我要知道，谁是主谋，谁是幕后黑手。"

然而，催眠术和迷幻药真的有用吗？纳粹头目之一海因里希·希姆莱成立的防卫科研所，在囚犯身上进行了惨无人道的实验，以求找到让人说真话的药剂。

在达豪集中营，他们给囚犯梅斯卡林喂药，并很快发现了某种致幻剂。许多情报部门在经过诸多试验后，发现巴比妥酸

第 2 章　"谎"路对峙，胜在气势

盐也有类似效果。此外，臭名昭著的东莨菪碱同样能让人失去意识、思维混乱，这种毒品常常被强奸犯用在从酒吧出来的受害者身上，令人防不胜防。

但是，如果连受审者本人都无法区分真相和谎言，那你听到的信息也就没有实际作用。感谢维基解密让我们知道，美国 FBI 直到今天仍未拥有能让人说真话的血清。他们依赖于巴比妥类药物硫喷妥钠和异戊巴比妥的混合物，但可笑的是，凭此得到真相的案例只有 10%～30%。

根据美国 FBI 内部的一个绝密演讲，若将东莨菪碱注入人体脊髓，让其说真话的概率将高达 95%，因为这种方法能"带来绝对难以承受的痛苦，伴随着疯狂的抽搐和痉挛"。一方面，这种方式是遭人唾弃的酷刑；另一方面，它也不适用于日常工作。同时，它也不能完全杜绝谎言。

催眠术又如何？难道能让人在进入昏睡状态后说出所有你想听到的东西吗？美国精神病科医生马丁·T. 奥尔纳对此进行了深入研究。美国 FBI 的审问手册也研究了他的工作。奥尔纳的研究得出了一个十分明确的结果——不能！

我们以一个日常生活案例来解释一下：假如你在看电影时被催眠，进入了一个故事并且在两个小时内都相信大荧幕上的演员们真的会笑会痛。但此时，一个叽叽喳喳的邻座或大荧幕

旁闪烁的灯泡,就足以让你心烦意乱——你想将所有杂物都排除在外。换言之,你的意识在被催眠时并未关闭,潜意识只是如一片薄纱般遮住了你的意识。

我本人也曾进行过催眠实验,并发现人们在此过程中不会做任何自己不想做的事。至于那种催眠师不必礼貌请求而是发号施令,被催眠者便言听计从的情况,虽然看上去令人印象深刻,但纯粹是无稽之谈。

被希特勒视作死敌的埃尔塞,直到德国于1945年投降的前几周才被希特勒下令处死。在此之前,希特勒一直期望从他身上得到信息,但都徒劳无功。

任你巧言善辩,我自岿然不动

否认几乎是一种本能反应,无论是无辜者还是过错者,但正如前文所述,两者的否认相去甚远。辩驳的情况则完全不同。辩驳是过错者为了让审问员相信自己的清白的进攻策略。过错者不仅否认,还会摆出论据说明自己为何无辜。

如果你在审问时听到了对方的辩驳,那么你该庆幸,因为你此时可以更加确定坐在你面前的人是过错者。

与听到否认不同,你绝不能将对方的辩驳扼杀在摇篮里。

第 2 章　"谎"路对峙，胜在气势

因为对方此时吐露的信息可以在之后的事态发展中为你所用。比如对方说"我压根不认识她""我在这儿已经工作20年了""这里的每个人都了解我，知道我不会做这种事情"，这些话可能都是真的，但它们与具体的指责并无直接关系。这时你该如何回应？

你可以打断对方的保证，并指出："是的，你不认识这位女士。因此，你必须向我解释到底发生了什么。""是的，你在这已经工作20年了。所以我们才想尽快结束这件烦人的事情，让所有事都回到正轨。"

过错者的典型反应还包括情绪上的辩驳。他看起来像百感交集，哭泣、犹豫或惊慌。这种情况下，你要简短地提到他情绪的激动，同时表明，这于他无益。你可以说："我很清楚这件事情让你备感折磨，所以，我们现在更要为此澄清一切问题。""我可以想象这对你有多难。但现在只有找出真相才能尽快结束这件事情。"

此时，你完全可能听到对方和盘托出，但更可能遇到完全不同的反应——走神。你还记得青少年时期的自己，在面对不利指责时是如何走神的吗？比如，当父母指责你学习太不努力时？

一旦过错者意识到否认和辩驳毫无意义，就会闭上嘴巴。他变得安静，沉浸在自己的思绪中，并且开始考虑谎言被拆穿

的后果。里德说，审问者此时的话"只是背景音乐，虽然在播放，却不一定有人听"。

如何看出对方在走神？通常情况下，对方会中断目光接触，眼神变得黯淡，无话可说。一旦发现对方走神，就将自己的椅子直接拉到对方面前，但不是威胁式地，而是要表现自己此时的兴趣。与此同时，你不间断地说话，寻求与对方的目光接触。这时，对方不论如何都很难再对你的话充耳不闻。

需要注意的是，一旦对方在你靠近时直视你双眼或将自己的椅子向后移，说明他感受到了威胁。如里德所说"产生本能的抗争或逃避反应，这使得他要么再次否认（抗争），要么打断问话（逃避）"。

拆谎如戏，全靠演技

在正面对峙、扼杀否认和打消辩驳之后，你还必须进行补充，必须明确地让对方感觉你事实上什么都知道了。《库巴克审问指南》中写道："单单凭借心理战术让人唯命是从，事实上并没有听起来那么困难。审问员明显抢占先机，因为他对被审问者的了解要胜过对方对他的了解。他可以用不同的方式营造并加强自己洞悉一切的形象。"

第 2 章　"谎"路对峙，胜在气势

装作一切尽在掌握

美国审问员托尼·拉格拉尼斯总结道："审问员在踏进审问室的那一刻，就要让受审者相信自己有无数工具可供使用，相信自己可以决定他们的命运。审问员要进行一系列的承诺和隐晦的威胁。只有让对方相信'开口才会有好事发生，不开口则有坏事发生'，审问才能继续。"

那么，我们要怎么做？如果你掌握了大量线索，现在就是将它们亮出来的时候了。在一个案例中，某酒店保险柜的一大笔资金被盗。许多痕迹都将嫌疑人锁定为一名叫山姆的员工，但并无任何证据能够证明是他干的。

调查员采取了如下方法，他们说："山姆，听我说。我们知道你用马吉的钥匙打开了柜子，拿走了柜子和信封里的钱，然后将信封扔在了过道，这些我们都知道。我们唯一不知道的是，你是如何拿到钥匙的，这点很重要。"

这些看起来压倒性的证据足以使对方招供。事实上，调查员虽然有案件发生过程的线索，却没有任何对山姆不利的证据。这种方法极为巧妙地利用已知信息攻破了对方的心理防线，从而获得了真相。

如果你已经找出大量这样的线索，那么在审问过程中就可以将它们一一陈述。需要注意的是，细节必须准确。因为过错者必然知道自己做了什么,只要你叙述中有任何地方不准确,就会出现问题。比如,如果你说"我知道,你撬开了保险柜",而事实上对方是用钥匙打开的,那么审问员的威信就荡然无存,审问也将毫无效果。

即便如此,你也绝不能承认自己没有别的证据了。你要不经意地说出证据,并且表现得理所当然,就像它们已被完全澄清一样,与此同时,将焦点锁定在"为什么"上。

正如本章开篇所说,空军审问员沙尔夫成功的秘诀就是让对方相信自己已经掌握了所有问题的答案。只有在至少知道某些细节的前提下,这种方法才能奏效。

《库巴克审问指南》将这种方法称为"千里眼",即首先提出一些已经掌握具体答案的问题。如果对方稍有迟疑,则自己将答案说出来,比如:"你昨晚在哪里?干什么?……你在比萨店待到了10点。"你的线索是,受审者的某位朋友在那看到了他的妻子。

《军队审问手册》中对此写道:"通过重复这一步骤,审问员可以让对方深信,抵抗是无意义的,真相已经大白。"如沙尔夫命人在假文件夹上写字一样,《库巴克审问指南》也有类似建议。

指南中写道:"比如,他可以向受审者展示一本厚厚的写

第2章 "谎"路对峙，胜在气势

着受审者名字的文件夹。即使文件夹中只有寥寥数页甚至全是空白页，审问员在说出受审者的背景时，假装的笃定也可以让他深信已经真相大白，抵抗必然徒劳无功。"谈话中，应时不时翻阅文件夹，或者大声朗读上面记录的细节，即使这是你掌握的所有信息。

这种方法和钓鱼式问题的原理一致，只不过不是以问题的形式，而是以诱饵证据的形式。里德不仅建议在审问时使用纸头文件，还推荐使用CD、DVD以及所有装着指纹或彩色液体等"证据"的袋子。

这种方法可以应用在日常生活中吗？假设你要询问售货员究竟能优惠多少钱，或者还能额外提供什么服务，你最好事先做好准备。

在日常交易中，你可以手拿供货商的宣传手册以及外面印着"价目表"字样和其竞争对手商标的文件袋。这样，他会认为你已经掌握了很多信息，即使文件袋里只有一些废纸。面试时同样如此。如果你是面试官，你可以拿一个写着求职者名字的小文件夹。

这种方法应用颇广，不论是在与售货员的讨价还价中（只有售货员知道商品的问题和缺陷），还是在与中介的谈话中（只有中介了解交易双方的兴趣和真正底线），你都可以如法炮制。

> 案例直击

扑克牌里藏着部队编号

沙尔夫在对一名英国空军少校的审问中,非常巧妙地向对方展示了自己的已知信息。我们也可以在日常生活中采用类似的方法。沙尔夫当时只掌握一条信息,即这位少校隶属321飞行大队。

几杯茶之后,沙尔夫跟这位少校玩了一个扑克游戏。少校要选出三张扑克牌并将它们翻转过来,结果是一张3,一张2,一张A。

沙尔夫写道:"我当时说,'3、2、1!你看看!翻牌的时候你有没有想起自己飞行大队的编号?'对方快速并坚定地回答道:'有!就是这个编号!'他抓着我的手不断摇晃。我感觉他还有些怀疑,但同时也放松了。

"他说'汉斯,你究竟是个怎样的家伙!当事人究竟是你还是我?管他呢,你真是用了绝妙的一招。你可真是个心思缜密的家伙!'晚上,我在长长的报告中将今天获取的信息全部写下来。

"我得到的信息可不少,白天的扑克游戏促使他配合审问。我逐渐确定自己是个出色的家伙,但并不十分确定自己是否心思缜密。"

如果你掌握的线索很少或者毫无线索,可以采用审问专家内森·高登和威廉·弗莱舍建议的策略,即跟对方说:"如果我拿着你母亲的照片告诉你这不是你的母亲,你一个字都不会相信我的,对吧?无论跟你说多久、多大声,我都不能让你相信,这不是你的母亲,对吗?你知道这是为什么吗?因为你知道你的母亲长什么样。"

"我也有两张照片,一张由事实和证据构成,另一张则由你的谎言构成。我知道每张照片应该是什么样,因为我受过良好的训练,并且具有多年经验。因此,不管你跟我说什么,都不能让我相信你是无辜的。你现在最好说实话。这样我还能帮你向其他人解释为什么事情会变成这样。"

这样表述可以让对方相信你已洞悉一切,而且你无须再对细节加以说明。

记忆偏差,人的大脑会说谎

大脑在每次回忆过程中都会重新组织我们的经历。换言之,我们的记忆并不像摆在抽屉里的文具一样,打开大脑就能看到。

它更像马赛克,每次都被重新拼接。因此,没有一段记忆会与另一段完全一样,因为它极易改变。

在《透视谎言》一书中,我描写过一个非常有趣的实验:心理学家询问参与者是否看过戴安娜王妃在巴黎葬身车祸的视频。45%的人回忆起了那段视频,有些人甚至回忆起一些细节,但这段视频其实是子虚乌有的(或至少它是不为人知的)。也就是说,记忆很容易被改写。

其中的关键在于:我们需要给应该回忆的场景打个草稿。也就是说,我们必须能不假思索地回忆起类似的记忆。有人曾对一组天主教徒和一组犹太教徒做过一项有趣的实验。

实验组织者想让这两组人相信他们曾出席过某次圣餐仪式和某次安息日活动。实验结果令人出乎意料:7位天主教徒相信自己曾出席过这次圣餐仪式,但没有一位犹太教徒认为自己曾出席;只有1位天主教徒和3位犹太教徒相信自己参与了那次安息日活动。

这该如何解释?因为天主教徒很可能已经参与过多次圣餐仪式,而犹太教徒则很可能参加过多次安息日活动。因此,他们完全可以想象出自己参与某次活动的情景。

然而,当询问他们是否参与过从未经历过的活动时,实验结果则完全不同。换言之,记忆漏洞普遍能被有说服力的想象填补，尤其当脑海中已为相应场景打下草稿时。

这对于探寻真相有何意义？当对方没有任何说谎的迹象，只是描述生活中典型的一幕时，完全有可能是在无意识地说谎，因为他也许被错误的记忆操控了。

先说的奖励，后说的遭殃

让多个受审者互相较劲的方法现在已被广泛应用。这种方法的使用频率再创新高，也证明它确实行之有效。

《库巴克审问指南》描述了一种叫作"证人"的技巧。使用该技巧时，审问员让候审人在门外等候，同时在室内对另一个人进行长时间的审问。结束后，打开门让刚被问完话的这位出去，并装作非常不经意地对门外看押候审人的看守员说："我们不需要他了。"于是，候审人被重新带回自己的囚室。当他两天后又"单纯因为审问员的怜悯心"而被审问时，他会迫不及待地说出自己的想法。

只要有多个人需要审问，无论是证人还是作案者，你都可以使用这种方法。让所有人一个接着一个地进入办公室，让你心目中的头号嫌疑人等着，然后送他一个冷漠的微笑，告诉他："谢谢，我们已经掌握了一切必要信息。"这时，他极有可能想说话，想迫不及待地交代点什么。

《库巴克审问指南》建议，在这之后再进行一个步骤：再次审问时，表现出震惊的样子，并说："我们最初以为你只是帮凶，但没想到整件事情几乎都是你一个人做的。"

紧接着，受审者就会反驳。之后，你慢慢地假装站在对方那边，对他说："我认为你同伴的做法，对你不大公平。你想跟我说说你的故事版本吗？"也就是说，你要让对方感觉你已洞悉一切，他只需抓住来之不易的解释机会，竭力改善自己的处境。

美国的审问员马修·亚历山大讲述过他是如何凭借这种"囚犯的两难处境"让受审者招供的。他说："你看，与你一同被抓的四个人刚刚都被审过了。我们的规矩是，谁第一个告诉我们真相，我们就与谁达成某种交易。"

接下来，你要告诉他："我们已经知道，你当时在房子里，因为其他人是这样说的。有一个人已经开口说话了。说谎只是浪费时间，积极配合我才能帮助你！"接着，亚历山大会继续施加压力："如果他们当中有一个人与我们达成合作，我们将不再需要你，那个时候可就太迟了。"

再次给对方制造你已洞悉一切的错觉，但这次要借助其他受审者来完成。你没必要准备一座监狱，只需用简单的言

第2章 "谎"路对峙，胜在气势

语便可达到同样的效果，比如："我们两个人都知道，任何一个多人参与的案子中，早晚会有一个人开口说话，而在这件案子中，你应该做那个先开口的人，因为警方总会相信最先开口的那个人。如果晚了，可能就不再有任何人相信你，即使你说的是实话。"

或者这样说："合作吧！如果你现在不跟我们合作的话，你可能永远失去这次机会。你很幸运，我们今天需要你的帮助，但明天就不一定了。机不可失，失不再来。你考虑一分钟，然后告诉我到底发生了什么，这是你最后的机会。"

如果两个或两个以上被分别审问的嫌疑人都拒不承认，那么，我们还有一条妙计可供使用。在与其中一人的谈话中，你可以请对方在一张纸上写下以下内容并署名："我已说出真相，你也该如此。"这对于无辜者来说不成问题，但对于说谎者而言却是个两难选择。如果他的同伙看到这张纸条可能会招供，既然这样，他自己就应该先招供。

假设你的两个孩子把什么东西吃光了，你不知道是谁干的，两个孩子也都闭口不言，你可以分别对他们问话，并分别让对方在纸条上写下上述内容，然后拿给对方看。两个人都很可能认为另外一个已经招了，然后自己也招供。

谁动了我的蛋糕和香槟?

假设你在我家做客,夜里蹑手蹑脚来到冰箱旁边,拿走了为第二天准备的一块蛋糕。第二天早上,我们吃早餐时谈论此事,我说:"昨晚肯定有人从厨房拿走了一块蛋糕和一瓶香槟。"这时,你会怎么想?你可能会心想:"蛋糕是我偷了,但香槟酒可不关我的事。"但是,因为你不想被当场发现,所以便咬紧牙关,什么也不说。

借此,我想表达的是:实事求是的控诉和夸大的控诉之间有着巨大差别。面对被夸大的控诉,作案者可能会迫不及待地想说出实情。具体的做法是夸大被偷窃或私吞的金额,比如将2 000欧元变成4 000欧元,或者在丢了项链时说戒指也一起不见了。如果你的想象力足够丰富,也可以将当前事件与另外的事联系起来,比如,"这次的小偷肯定跟去年在仓库放火的是同一个人"。这时,真正的小偷会为了纠正不实指控而想要招认。同时,招认对他而言也变得轻松,因为与纵火事件相比,他的行为似乎不再那么可恶。

有时,告诫对方警惕夸大的指控也许就已足够。你可以这么说:"我绝对不想看到别人将子虚乌有的事扣在你头上,让你的处境变得更加糟糕。很多受害者都想骗取同情,所以他们

第 2 章　"谎"路对峙，胜在气势

会夸大事实。问题在于，人们会相信那些谎言，这对你很不公平。告诉我真相，这样我才能为你澄清。"比如，如果公司内部发生恶意攻击事件，当你与主要嫌疑人说出这番话时，极有可能让对方坦白。

你也可以利用锚定效应，让坦白相对而言不那么为难。比如，如果你问一名职员去年上班迟到多少次，他可能会承认两三次。但如果你把数字说得很大，他会更容易说出那个很高的真实数字。比如，你可以说："如果我们去问你的老雇主，你去年上班迟到了多少次，他会怎么说？100 次？50 次？还是 20 次？"

《军队审问手册》也描写过所谓的选择问题，即向受审者提出一个多选项问题，但其中并不包含正确答案。比如，如果你发现女朋友跟前男友见面了，你可以问"你是乘公交还是地铁去见他的？"，尽管你知道她是开车去的。她很有可能想纠正这个错误，从而不得不说出真相。

酒后真的吐真言吗？

对你所揭露的谎言作出正确反应，也能够让对方误以为你已洞悉一切。当你揭露一个谎言，不要立刻因此攻击对方。里德建议："最好隐藏任何气愤或者惊讶。在实践中，你要让

嫌疑人以为你一直以来都知道他并没有说实话，这样往往更加有效。"

美国军队将"洞悉一切的幻觉"带来的效果称为无用功效应。这种情况下，受审者清楚自己处在绝望的境地中。任何否认都是无意义的，因为每个人迟早都会招供，事实必将曝光。于是，每个拒不承认的人都要斟酌一番，因为他还有最后一次机会，那就是坦白。

美国军队审问员克里斯·麦凯表示，这是当年美国驻军阿富汗时最受欢迎的审问技巧。"我们离开阿富汗时已经积累了很多这样的经验，以至于甚至能利用无用功效应劝说吃饭排队时站在我们前面的战友。"

催眠术无法将人变为毫无意志的奴隶，但催眠术的基本原理可以：当我们以为自己被催眠时，会坦诚地说出真相。因为我们为自己变得软弱找到了合理借口。

美国FBI有一种名为魔幻屋的方法：让受审者感觉自己被催眠了，比如手发热或者感觉香烟发苦等。受审者之所以能够真切地感受到这一切，不是因为他被催眠了，而是因为椅背中装有远程操控的暖气片或者香烟中添加了化学物质。

《库巴克审问指南》推荐了一种与此非常相似的安慰剂方法，即让受审者误以为自己服用了一种让人说实话的迷幻剂，

第 2 章　"谎"路对峙，胜在气势

事实上，他只是服用了一种没有任何药效的糖片。《库巴克审问指南》对此的描述如下："'我被下药了'是最好的理由之一。"

在日常生活中，我们也可以使用酒精进行审问。给对方灌点浓度稍高的酒，然后跟他说："哦，你醉了。"这种方法背后隐藏的原理是引起对方通过投降摆脱压力的强烈念头。因为假醉能够让人摆脱愧疚感并说真话，即使他清楚地知道自己的感觉并不真实。这种方法为他提供了坦白所需的合理借口。

你或许在某次约会中有过亲身经历：一天晚上，你的梦中情人喝了半口香槟，然后解释称自己做出的异常举动是因为完全喝醉了。

掌握"空城计"，拆谎破强敌

本章所述的给受审者制造"他已洞悉一切的错觉"的技巧，为真正的审问拉开了帷幕。与对谈相比，审问充满了指责性和攻击性。正如里德所说："只要他们认为审问员不能百分百确定他们有罪，嫌疑人就不会做出对自己不利的供认。"

某德国联邦州警察局的审问手册将这种技巧称为突袭，并简短地补充道："突袭被证明是有效的，而且最好在大清早进行，以迅速让对方认为你已掌握确切的作案动机。此时，你要证明你的实力，表现得胸有成竹。"

这种方法为何如此有效？我们来看一个有趣的实验：参与者被要求坐在一台电脑前，并被禁止触碰 Alt 键。实验之后，其中 50% 的参与者被指责触碰了 Alt 键（无论他们是否真的触碰了），并被展示了一份白纸黑字地写着其过错的文件。

实验结果令人惊讶：69% 的人最终承认自己碰过 Alt 键。有多少人真的犯错无关紧要，关键在于，大部分人是在看到被打印出来的证据后承认了错误，而且越年轻的参与者越容易坦白。事实上，大量研究都得出了完全相同的结论。

年轻人更无法承受审问的压力，因此也更容易坦白。此外，我们还认识到，心理年龄越小，越容易坦白，无论其真实年龄如何。美国 FBI 坚信可以通过权威的审问方法让受审者"返老还童"，即使其返回儿时状态，感受到罪恶和无助，从而防御系统全线崩溃。

《库巴克审问指南》中有如下表述："所有为了用于审问的问题，从根本上而言，都是为了加快'返老还童'的进程。受审者变得越来越不成熟，回到更幼稚的阶段，他所培养或组织好的人性特征不再依照时间顺序，而是被打乱，使他最近形成的特征，也就是他为自己辩护所用的特征消失了。"

无论我们是否真的能让受审者回到儿时的状态，他都会感

第2章 "谎"路对峙，胜在气势

受到自己的自由受到了限制，尤其当他不知道审问员究竟掌握多少情报时。审问双方的情况悬殊。《库巴克审问指南》认为这是审问的关键，手册中写道："受审者最终将迫切地坦白……他将坦白视为摆脱困境、重获自由的唯一机会。"

需要注意的是，谨防假供词。正如上文所举的"Alt 键"的例子，让无辜者认罪并不难。怎么会这样？这种现象的产生通常是因为记忆不信任综合征。它能让人在审问中认为自己做过某件事，只不过不记得了。因此，即使再自信，你也必须明察对方是否真的有罪。

沙尔夫的故事如何结局？二战结束后，沙尔夫受到曾审问过的美国战俘的盛情邀请，去美国演讲其审问技巧，并最后留在了美国。他曾审问过的、后来与他保持亲密友谊的人，为其担保，使其获得了美国国籍。

二战结束近 40 年后，其中一位当年的受审者回忆道："除了姓名、军衔和编号之外，我们本不该透露任何信息，但这家伙表现出来的无所不知误导了我们……有一次，他说他已经让其他人都坦白了。战争结束后，我问他从我口中得到了多少情报，他说'不是特别多'，但他这么说可能只是因为他如绅士般谦虚。"

牛津教授笔记

射人先射马，擒贼先调查：搜集证据，首先审问最重要的嫌疑人。

"以势压人"："我们知道是你干的！"
- 表现出自信和权威；
- 不使用威胁性言论；放缓语速、不带攻击性、不提高音量。

以柔克刚，攻破"否认之墙"：
无辜者：大声、愤怒地否认

过错者：顺从、犹豫，想套取信息，可能进行特定否定

- 如果可能的话则忽略他的否认；
- 停顿：抬手，称呼嫌疑人的名字，控制性语言（如"请先认真听我说"）。

任你巧言善辩，我自岿然不动：辩驳是过错者的典型做法，如"我压根不认识她"或者情绪激动。

- 听其辩驳并客观地攻破其辩驳，如"所以我们才必须弄清楚"；
- 通过移动到正对受审者视线的位置来阻止对方跑题。

拆谎如戏，全靠演技：

1. 让多名嫌疑人相互较劲，如"谁先坦白，谁就赢了"。
2. 制造洞悉一切的错觉。

■ 不经意而又顺理成章地摆出证据，并聚焦于"为什么"；

■ 提一些答案已知的问题，并自问自答；

■ 使用诱饵证据：文件袋或物证。

>>> 第 3 章

为嫌疑人找理由，
百炼钢化绕指柔

嫌犯本想招供，却因为警察的拳脚相加而决定死撑到底；女友本想主动认错，挽回你们之间的关系，却在听到你的冷言冷语之后改变了初衷。生活中，我们为这些问题伤透了脑筋。那么，何不为对方找个理由，让他/她主动说出真相呢？

特里·普拉切特

"求求你了,不要这样!我坦白你想知道的一切!",这个男人喊叫着。

"真的吗?"维莫斯说,"月球公转的速度是多少?"

"什么?呃……你有稍微简单点的问题吗?"

第3章 为嫌疑人找理由，百炼钢化绕指柔

大约18岁那年，有一天晚上，还在上中学的我跟朋友在一家小饭馆吃饭。我们吃了汉堡、甜点，还点了饮料。我记得当时花了20马克（或者更多）——我们每个人都花了不少钱，所以觉得可以从饭馆拿走一个小小的纪念品。因此，我们将一个漂亮的蓝色潘诺酒瓶塞进一位同学的手提袋。

服务员手拿账单过来时，盯着我们的桌子看了一会儿，上下打量了我们一番——他可能发现有什么东西不见了。当他走开时，我们互相看了一眼，那眼神在说"妈的，被他发现了！"。我们正想将酒瓶放回桌子上时，服务员又出现了，他破口大骂："无耻！我还没转身你们就偷我的东西！你们不觉得丢脸吗？真可耻！"

我们该怎么办？不能再将酒瓶还回去，因为如果现在说出真相就会丢尽颜面。我们坚决否认并最终带走了那只酒瓶。服务员除了咬牙切齿地让我们离开还能做什么？我们感觉很糟糕。我们多想把偷拿的东西还给他啊！但我们不能，因为在他如此激烈地咒骂之后，我们这样做就太丢脸了。

服务员应该为我们偷拿酒瓶的行为负责吗？不！但他要为我们没有归还酒瓶负责。如果他当时说："孩子们，每个人都想带走什么留作纪念，我自己家里也有三件这样的纪念品。但我们刚刚进了一大批潘诺酒，需要这些酒瓶。如果以后有剩下的酒瓶的话，你们可以尽管拿去。"如此，我们会非常乐意把酒瓶还给他。

本章节中，我们将谈到的内容，完全称得上是里德审问法的核心——制造理由。即为别人找到可以解释其行为的理由，找到支撑他走向坦白之路的拐杖。这种方法的关键在于，保全受审者的面子，为其搭建可以让他心安理得通过的黄金桥梁。我的亲身经历说明了，这样的桥梁对于了解全部真相的重要性，在那个例子中，归还赃物即是承认自己的偷窃行为。

想想你最近一次说谎的情形。有没有可能，从某一刻开始你单纯为了保全面子而坚持说谎？我们知道需要坦白，但往往求而不得，因为审问员的行为让人无法坦白。制造桥梁的目的

第3章 为嫌疑人找理由，百炼钢化绕指柔

在于，为受审者提供能够解释其行为的理由，并且让他的朋友、同事、家人以及他自己都接受自己。

值得强调的是，你制造的桥梁绝不能符合事实。作案动机很有可能有些丑陋，如贪婪、报复或妒忌，但作案者可能对自己都没坦白过这些理由。里德对作案动机的看法是悲观的，但并非不切实际。他说：“一个人为什么要偷东西？因为他不诚实。一个黑帮成员为什么要驾车枪击另一个黑帮团伙的成员？因为他社会意识不足，不懂得尊重生命。"

然而，即使最无耻的行为，大部分人也都能用可以接受的理由来解释。里德说：“盗贼认为自己是出于绝望而偷盗；黑帮成员认为只有杀了对方，自己才能活命。"人们能为自己的行为找到最荒谬的理由。

即使在日常生活中，每个人对这样的理由都不陌生，即使没有这么极端。你指责我在给委托人的账单中写的工作时间多于实际工作时间？好吧，但我的工作效率比别人高一倍，就这点而言，我的委托人还省钱了呢。你说我虚报了报销金额？好吧，但是我半年来一个人干着两个人的活，我应该得到更多。找借口比内疚容易得多。

我的法律学老师，一位好心的说话带南部口音的美国老人，喜欢用一个跟牛仔有关的比喻总结这个观点："每个人都认为

自己戴着白帽子。"通俗来讲，每个人都认为自己是好人——在美国西部，只有好人才戴白帽子。或者如苏格拉底几千年前说的："没有人愿意做坏事。"至少，事后看起来是这样。

因为将事情合理化的心理机制，通常在我们恢复冷静后才正常运行。无论做了什么，我们都会用合理的解释（我们自己所说的理由）武装自己，在别人以及自己面前为自己的行为辩护。借由这一过程，我们重获了内心的平衡。

也就是说，你要始终对任何理由保持开明的态度，即使它们看起来荒谬无比。识别别人的理由并深入其中（即使你内心认为它不可理喻），有助于让对方坦白。因为这样做的话，受审者只需承认自己的外在行为失当，而不必接受道德审判。

欲得真相，先找理由

理由是受审者为自己辩护的解释，不仅是向别人辩护，也是向自己辩护。正如前文所说，理由是否属实并不重要。重要的是，对方接受这个理由。优秀的审问员制造理由，但从不作无法兑现的承诺，比如"我保证你不会受罚"。同时，我们还需注意，不要为受审者提供法律上的重要辩护理由，比如正当防卫或其他能减轻罪责的理由。

第3章 为嫌疑人找理由，百炼钢化绕指柔

《库巴克审问指南》对此提出了十分具体且实用的建议。手册中写道："当审问员意识到对方的抵抗情绪正在消失，招供的愿望渐强时，那么就是时候为其提供可接受的合理解释了。为他的缴械投降找一个理由，让他保全面子就能够让他坦白。"数十年的审问史中诞生了大量形形色色的理由，大多数情况下你都可以对其加以利用。

理由1：形势所迫

你最后一次坦白是什么时候？是当你被某个家伙骂成撒谎精时，还是有人让你觉得如果他是你他也会这么做的时候？如前文所说，道德评判会让我们无法坦白。相反，如果感觉对方完全理解我们在当时情境下的所作所为，我们会更容易坦白。

"在你的处境下，每个人都会跟你做同样的事情！"几乎没有什么比告诉作案者他不是异类或者不是一个可恨的人更能让他放松。

在一桩司机肇事逃逸案件中，审问员对这名司机说："我知道当时发生了什么。你的车子撞到了什么东西。你不确定是什么，但你心有疑虑，只是在慌张中继续往前开了。这是再正常不过的反应。如果是我，当时的做法可能跟你一样。"

在另外一个案例中，一名出纳私吞了银行的钱。审问员询

问其工资水平后对他说："你每天得面对多大诱惑啊！成千上万欧元从你的手中经过，但你的工资却这么低，而且你不仅要靠这点儿工资维生，还要穿着体面。普通工人才没有穿着上的要求，但你并不是。处在你的位置上，也许每个人都会这么做。"

换句话说，我们要让对方觉得他的行为完全可以理解，比如"每个人都会生气并反应过激"，或者"我们有时做某些事情时，根本不受控制。虽然事后我们非常抱歉，但当时别无选择，因为情况非常紧急"。

面对可能做了蠢事的青少年，我们可以说："你住的地方没有运动场，没有电影，没有什么可做的。你会感觉无聊，朋友们一起哄，你做了些蠢事。""我们不能将你这样的青少年当成年人对待，你们精力充沛，而且不知道要将它们往何处释放。"

如果一名员工拿了不属于自己的东西，你可以这样对他说："亲爱的穆勒先生，我真的为这次谈话准备了很长时间。因为我很清楚你多年以来，工作成绩都很优秀，也知道每个人都很尊重你。我曾问过自己，为什么这笔钱会消失不见，也曾扪心自问，如果我像你一样是单亲爸爸，我会怎么做。如果我每周5天都要晚上8点回家，如果我也要既当爹又当妈，如果我要给3个孩子创造舒适的生活条件，尤其要让他们接受好的教育，我会怎么做？这不代表我或你所做的事情是对的，但对于我、对于你、对于任何一个处在此情此景中的人而言，这都是可以理解的。"

制造理由的关键在于，让对方感觉你与他有共同的价值观（即使事实并非如此），也就是实现一种道德救赎，即一种道德上的原谅。这种方法详细地描述了对方所处的特殊环境，并强调对他的尊重，为其坦白铺平了道路。

理由2：是别人的错

第二个很有效的理由即把责任推到他人身上。你可以说是受害者、同伙或者完全不相关的人的错，如父母、妻子或某个小配角。正如小孩儿指责玩伴一样，当糟糕的事情发生时，大人也喜欢将责任推到他人身上，以在自己和别人面前为自己的行为辩护。

案例直击

自烧仓库骗保险

一名年轻男子攒下一些积蓄，想借此实现成为独立批发商的梦想。他租下一间仓库，在仓库里装满货物。可惜无人赏识他的货物，仓库仍是满的，而钱包迅速被掏空。这名年轻男子苦苦哀求房东取消租赁合同，但没有成功。最后,他觉得将仓库付之一炬是唯一的出路,这样至少能获得保险赔款。

  他想到便去做了。他在仓库的各个角落洒遍汽油,匆忙中将汽油溅在了自己身上。他划燃火柴,扔向地板。火苗高蹿,点燃了他的衬衫。慌乱之中,他撕掉身上的衣物,但仍被严重烧伤。几个月后,他面临审问。这位年轻人坚持否认是自己干的,直到审问员说这是房东的错,是房东坚持要履行合同,而这位年轻人只不过想谋生而已。他的话生效了!年轻人承认了自己的所作所为,并告诉审问员,他太恨房东,以致当时淋了太多汽油。

  一名保姆被怀疑偷了主人的毛皮大衣。猜测一下审问员将责任推给了谁?推给了主人。他说:"同样的毛皮大衣,你的雇主有好几件。我打赌,她肯定将它们当成廉价的甩卖品随处扔在房子的某个角落,而你必须把它们收拾到一起,然后再挂起来,是吗?可能突然某天你心想:既然这些大衣对她而言这么无足轻重,那即使有一件消失了,她应该也不会发现。"

  如果一位父亲偷了钱,你可以让他的妻儿扮演"坏人"的角色。你可以对他说:"你这样做并不是为了自己,而是为了你的家庭,你那个贪得无厌的家庭。"面对顽固扯谎的小孩,

第3章 为嫌疑人找理由，百炼钢化绕指柔

你同样可以为他制造理由。你可以说："我确定你一开始并不是认真的，完全没想到大人们会信以为真。这是他们自己活该！很显然，你只是在开玩笑。"

你可以尽情发挥想象力寻找合适的替罪羊。事实上，替罪羊的可能性之多会让你大吃一惊。举个例子，一名男子涉嫌谋杀自己的妻子，审问员将责任推卸给这名男子的岳父母，称他们一直干涉他的婚姻。"你经常被妻子折腾得够呛，你经常抄起酒瓶，最后又默默走开。你已经竭尽所能地去拯救这段关系了，直到最终忍无可忍。"

当面对盗贼时，优秀的审问员喜欢将责任推到同谋身上。他会说："如果不是他们，以你的为人是不会想到做这种事的。他们将你变成了任人戏耍的猴子，你不得不出去冒险并完成任务，以免被立即射杀。所有事情都是这些混蛋的错，而最后他们只分你 10% 的好处！承担风险的是你，拿钱的却是他们。"

在公司内部盗窃案中，你可以将老板称为真正应该负责的人，是他的处事不公导致了盗窃案的发生。在纵火案中，你可以把责任推卸给保险公司，因为它给这栋楼的保险金额太高，引诱作案者作此尝试。

你也可以找些不那么具体的替罪羊，比如企业、政府部门、法律法规或者社会等。如果有人贪污公款并用来赌博，你可以

将罪责归于法律的无能或体制的缺陷："我知道，你是偶尔赌博，从未想到自己会赌博成瘾，而且你也没有办法，诱惑太大了。正是因为警察和政客没有对赌博采取什么措施，所以他们也是这个事件的真正责任人。要知道，赌博到最后总是输的。如果有人终结了赌博这件事情，你现在也就不会出现在这里了，但现在却让你一个人承担所有罪责？简直愚蠢！"

或者，你也可以用另一种方式将责任推卸给政治。你可以说："国家随心所欲地浪费纳税人的钱，将数十亿美元花在那些不工作的人和国际援助上。如果国家如此，那么每个人只顾自己眼前的利益就无可厚非了。"

简而言之，我们将所有道德上的责任都推给其他人，比如受害人、完全不相干的人或者某存在感不强的委员会，并与受审者称兄道弟。因为，与受审者同仇敌忾，往往更能让对方在不经意间招供。

理由3：人人皆如此

人们可以心安理得地与别人做同样的事，即使这些事明显是错误的。著名的吉诺维斯事件生动地展示了被心理学家称为"社会认同"的现象。

第3章 为嫌疑人找理由，百炼钢化绕指柔

> 案例直击

人们为何对凶杀案冷眼旁观？

1964年，在纽约中部的皇后区，一位名叫基蒂·吉诺维斯的年轻女子在家门口被刺身亡，这类案件在当时的纽约并不罕见。特别之处在于，这名可怜的女子并非被一刺毙命，而是殊死搏斗了半小时之久。她多次哭喊着从凶手手中逃开，又被追上，前后一共遭遇了三次袭击。当时共有38名邻居无动于衷地围观了这次袭击。这场袭击固然可怕，但更可怕的是邻居的冷眼旁观。

为什么会这样？人们真的如此冷血和淡漠吗？两位年轻的心理学家约翰·达尔利和比普·拉塔纳当时对此毫无头绪，直到后来深入研究该案。他们的结论以"观众效应"或"基诺维斯综合征"闻名于世，即目击者在有他人在场且未伸出援手的情况下，很少会主动出手相助。他们看到有其他人在场，便会认为像别人一样无动于衷也没关系，即使知道此时出手相助会更好。

观众效应在其他场景中也会出现。比如，位于美国亚利桑那州的石化林国家公园曾面临一个问题，即许多游客将公园引

以为傲的树干化石带回家作纪念。人们曾试图通过竖一块警示牌来解决问题，警示牌上写着：过去有很多游客偷走了公园中的树干化石，改变了森林公园的自然状态。结果呢？化石被偷的数量反而是之前的3倍之多。显然，如果大家都这么做，那么这件事情看上去也就不那么可恶了。

这种时候，气愤和无意义的抗争对我们而言没有任何好处。我们最好接受现实，并找到相应的处理方式。你要让受审者明白，他并不是唯一的坏人，与他一样的大有人在，告诉他："无论你接下来要说什么，我们都能接受，因为同样的事我们早已习以为常。"

你也可以与对方谈论你或别人曾做过的类似的事情。比如，你可以对一名可疑的求职者说："每个人都会在简历上夸大其词，因为在当今社会，不这样的话，我们什么也得不到。"

此外，你还可以向对方展示有说服力的数据，证明有多少职工利用工作岗位顺手牵羊，或者用数据向其证明账目不清不楚的现象有多普遍。你可以说："无论什么问题，我们都可以解决。因为这么干的不止你一个，你既不是第一个，也不会是最后一个。"

如果所问之事会让对方尴尬或丢脸，那么消除对方的这些情绪非常重要。在与头扎脏辫儿、身穿印着大麻图标T恤的员

第3章　为嫌疑人找理由，百炼钢化绕指柔

工，进行绩效考核面谈时，见面就问"你吸大麻吗？"可能会有失妥当。但你可以说，你自己也曾荒废了大半学业。光这一句话就能让事情变得简单，因为它能让对方与你产生共鸣。

在性侵案中，你可以说："人类总以为自己比动物进化的程度高很多，但这有点自欺欺人。至少在性方面，我们跟大部分动物非常相似。总而言之，不要觉得你是唯一或少数这样做的人，因为还有许多人跟你一样。这样的事情每天都在很多人身上上演，并且还会持续很多年。"此外，向对方保证你还听说过比这严重得多的事情，对审问也有很大帮助。

向对方讲述与当下情况类似的例子也很有效。你可以说："亚历克斯，你让我想起了一个多年前在这家银行工作的同事——本。他聪明、有野心、善良，仅用了两年时间就升为部门主管。他和妻子养着两个孩子，供着一套房子。直到有一天，他发现柜台的同事遗漏了一项存款没有登记。于是，他把这笔钱据为己有了。你的情况和他非常相似，都有着大好的前程和完美的家庭，也许还有相似的经济压力。你一直为公司鞠躬尽瘁，这次也只不过是由于形势所迫而做了唯一糟糕的决定。"这番话会起到两个神奇的效果，一方面会让受审者以为自己并不孤独，另一方面，间接为他提供了理由，消除了他的抵抗心理。

理由 4：道德上可接受的借口

如果上述理由都不适用，那么"道德上可接受的借口"这瓶万金油足以帮助你。你要创新，要思考如何才能让对方所做的事听起来不那么可恶。你可以对顺手牵羊的同事说："你并不想占有这笔钱，不过是暂时从咖啡店的收银台借用一下，因为你正需要钱修车，你自然想把钱还回去。"

或者说："你当然不是为了自己才拿了这笔钱，而是为了你的妻子和孩子。他们需要钱，没有什么比家人更重要。"

酒精绝对是屡试不爽的借口。你可以说："因为你喝了酒，所以无法控制自己的意识，以至于做了清醒时绝不会做的事情。"如果犯错时喝醉了（或许只是自称喝醉），那么事后承认便没那么困难。

里德列举了一系列有效的道德上可接受的借口。这些虽然是刑事罪犯的借口，但很好地说明，制造理由适用于任何日常场合。

纵火案

- 你们只是出于好玩才点的火。
- 你们只是为了证明这间公寓的失火系数有多高。

第3章 为嫌疑人找理由，百炼钢化绕指柔

盗车案
- 车上贴着"出售"字样，你只是想在买下它之前了解发动机的状况。
- 你急着去上班，否则老板会炒你鱿鱼。

受贿案
- 你收下这笔钱，是因为你自行进行了调查。你不想让自己变得不可靠。

肇事逃逸案
- 你以为受害人没事，因为从后视镜看过去，他好像在动。
- 你向前开是为了去叫警察。后来你认为可能会因此惹上麻烦，因此没待在现场。
- 你当时吓坏了，任何人处在那种情况下都会这样。

谋杀案
- 你本来只想吓吓对方。
- 你以为火只会烧到厨房。
- 如果你杀了她，那只是因为你太爱她。

保险诈骗

- 夸大失窃案,只是为了可以付得起你应付的那份钱。
- 事故是故意设计的,但摔下来的时候你真的受伤了,所以这已经算得上是事故了。

强奸案

- (发生性关系时)你之所以把刀拿在手上,是因为如果把它放在床上,可能会割伤她。
- 大部分女性都喜欢一时冲动和略带暴力的性体验。

盗窃案

- 你拿走这笔钱是为了补贴家用。
- 你拿走这笔钱是为了还债。
- 你只是想证明,这些钱有多容易被偷。
- 他本来就欠你钱,所以你只是拿走了属于自己的东西。

总而言之,无论是从当时的形势还是促使他做这件事的其他人方面,我们要为受审者的行为找到他自己可以接受的借口。这并不简单,所以在此之前,我们应该充分利用对谈的机会找到线索。以下是一些对谈中推荐的问题以及由此延伸的理由:

第3章 为嫌疑人找理由，百炼钢化绕指柔

问题：每个人触犯规则的理由不尽相同。你觉得你在哪种情况下会从咖啡馆的收银台拿钱？

答案：当我的家人需要钱的时候。

理由：你只想帮助你最爱的人。（形势所逼）

问题：是不是有人来找过你，并试图说服你从仓库里顺手牵羊？

答案：是的，偶尔。

理由：错不在你，而在挑唆者。（是别人的错）

问题：你认为有人攻击网络的原因是什么？

答案：也许是为了向IT部门证明他们应该更新系统了。

理由：你只想为公司尽自己最大的努力。（道德上可接受的借口）

在此过程中，你要注意观察对方的反应。如果当你提出一个理由，对方却无动于衷，那么你找的理由有可能是错的。如果对方的反应越来越抗拒，那你要立即换个理由，直到找的理由合乎对方心意。

过错者在制造话题的过程中会一直仔细聆听，无辜者则越来越明确地否定。只要你找到了合适的理由，就可以进行最后一步的选择问题了。

倘若天堂有路，你走不走？

有些审问员就像推销员一样，看上去好像什么都做对了，但却没有结果。很多审问员制造了一个好的开端，甚至找到了合适的理由，却搞砸了最为关键的最后一步。

选择题是对上述理由的简单概括，通常伴随着毫不合理的选择。比如，如果你制造的理由是不幸的处境迫使对方私吞款项，那么你可以问对方："你只有这一次没能经得起诱惑，还是经常偷钱？"如果理由是错在别人，那么你可以问："是马克劝你这么做的还是你独立计划的？"这些问题让受审者突然面临选择，使其在你为他制造的理由和将他形容为恶人的理由之间权衡利弊。

当然，在此之前你必须找到合适的理由。如果理由是错的，那么选择题将毫无效果。你完全可以在提出选择题后，再次更具体地说明你为对方制造的理由，给对方的坦白再加最后一次助攻，比如："你拿这笔钱，是为了奢侈的生活还是为了给孩子交学费？"

你必须尽可能地清扫受审者走向坦白之路的心理障碍。再比如，你可以说："我认为会拿别人钱的人有两类。第一类是贪婪的惯犯，他们往往率性而为，不会反思自己的所作所为，因为他们只关心自己。第二类从本质上而言是诚实的人，是因为生活压力太大而做出不恰当举动，在一时冲动之后，他们会非常良心不安。我很确定你是后者，但我现在希望你自己亲口说，你是什么样的人。"

换言之，"是不是你干的"这个问题是不够的。你必须再增加一个选项——"你是惯犯还是仅此一次？"

选择题是一种引诱性的问题，就像在成功的谈判中，你最终给对方提供一个他只能点头的选项。我在《透视谎言》中将这一做法简短地称为"好坏选择题"，它让对方觉得只要说出真相，马上就能从压力中解脱。

进入审问的最后阶段后，因为之前已承受巨大压力，此时的受审者迫切希望说出真相，但坦白的后果让他不敢踏出这一步。在这种情况下，审问员可以借助选择题达到一箭三雕的效果。

第一个效果是之前说过的反差效应，因为过错者在排除那个坏选项后，会发现说出真相并没什么坏处。

第二个效果是你可以借此让受审者明白，你理解他和他的动机，也就是他的理由。在这样的审问中，审问员在意的好像不是受审者的坦白，而是受审者本人以及他的动机、恐惧和忧虑。你要让他明白，你关心他，关心他的感觉和想法，而不是将他视作大恶人。

第三个效果是受审者无论如何都不希望别人将坏选项视作他真正的动机。除此之外，审问员一直以来表现的自信让受审者明白，单纯的否认已毫无意义。有两个选项的选择题让受审者面临的不是"否认或承认"，而是"一个更好或更差的坦白"。

人始终会犹豫不决，会作出对自己最有利的选择，或者作出将不利影响最小化的选择。因此，当受审者意识到坦白的后果明显好过沉默时，总会选择说出真相。审问员要让受审者明白，他的沉默会让人们将一些更糟糕的事情归罪于他，即便那些事情与他毫无关联。

美国审问专家麦凯举了一位女同事的例子。她曾试图恐吓受审者说："你将看不到明天的太阳。"她犯了一个本质上的错误，因为违反了"永远不要切断救赎之路"的基本原则。你必须让对方看到隧道尽头的光亮，给对方一个相信自己未来不必生活在铁丝网内的理由，为对方打开一条与审问员合作的道路。

《谋杀案调查委员会审问指南》中写着如下文字："即使在

第3章 为嫌疑人找理由，百炼钢化绕指柔

谋杀案中，案犯同样希望改善处境。虽然他们的起始处境不同于其他案犯，但同样希望避免或减少来自自己以及他人的伤害。只不过，你必须为他们重新规划路线，让他们知道坦白更加有利，继续掩饰毫无意义。总而言之，重要的是限制伤害。"

里德如此总结选择题的作用："它满足了两点，一方面，受审者希望在不丢脸的情况下坦白；另一方面，面对消极选项，受审者会产生抗拒心理。"

为了说明选择题的作用，再举一个仓库失火的真实案例。纵火者事先关闭了警报器，使火势在被控制之前能够在较大范围内蔓延。头号嫌疑人是一名17岁的职员，是该公司一位经理的儿子，父子关系不甚乐观。

审问员将过错推给了其与父亲的关系："你父亲只关心公司而不关心你。这种行为伤害了你。你真的很爱他，但除了下意识地伤害他之外，找不到任何能引起他关注的办法。你不应该继续撒谎了，因为这会摧毁你的家庭关系。"

此时，受审者开始哭泣，因为审问员正中要害。接着，审问员提出了关键问题，即选择题："你是纯粹出于自己的劣性想谋杀某人，还是只是出于对父母的爱，希望得到他们的尊重？"这位少年回答道："因为爱！"

要让受审者开口，你需要控制他的决定，让他在知道坦白

后果的情况下，依然说出真相。每一个掌握某些不利信息的人都会问自己："我要沉默还是开口？""开口于我有益吗？""如果开口，我要说谎吗？"选择题的目的就是打消对方这样理智的迟疑，打消对方澄清真相的最后一丝疑虑。

见"泪"使舵，顺"情"推舟

《军队审问手册》强调抓住受审者临界点的重要性。到达临界点，意味着对方马上要坦白了，所以这是抛出选择题的最佳时机。

在大量且准确地阐明合适的理由后，你通常会观察到对方行为的改变。他低下头，身体前倾，心灰意冷地看着地板；也许他会双眼湿润，他抹去泪水，低声抽泣。如果他开始哭泣，你绝不能让他单独待着。这听起来有些无情，但我们必须善加利用对方情绪爆发的时刻。男人的哭泣几乎等同于招供。当然，眼泪也可能是他耍的花招，但欺骗的眼泪更多地流在审问初期，大多在否认阶段。

临界点到来时，审问员的靠近不再被视为威胁，而是安慰。你必须忘记对受审者的一切愤怒，从心理和身体上靠近他。你要改变自己的声调，压低声音，放慢语速，显示你的真诚和同情。

在描述坏选项时，你要将嗓音尽量放低，严肃而认真地看

第 3 章　为嫌疑人找理由，百炼钢化绕指柔

着对方；而在描述好选项时，你要让声音和眼神都变得积极主动，散发乐观的气场。在这最后的时刻，跟对方所有的互动都变得非常重要。

假设你想询问一名员工，是否周末将公司的车开出去郊游了，你可以问："穆勒先生，你是早有预谋偷用公车（目光严肃，声音低沉），还是一时兴起，出于'为什么不用'的想法才公车私用？你是否只是什么也不想地享受了周末（表情友好，声音乐观）？"

提出选择题时应该尽量避免使用强硬的、听起来后果很严重的措辞。比如，不要说："你偷窃是因为想把它据为己有，还是为了养家？"因为选择题的目标正是扫除阻挠对方坦白的最后障碍，你不能使用会让他联想到严厉惩罚的措辞，而应保持模糊。比如，不要说"强奸"，而要说"这件事"。

相反地，在描述坏选项时，你应当特意使用强硬的措辞。比如："你抢劫那个人，是为了让自己感觉很强大吗？你觉得让别人害怕是一件很棒的事情吗？还是说你这样做只是因为着急用钱？"如此，反差效应的效果更为明显。

你希望被起诉损害财物罪还是纵火罪？

亚历山大·阿夏弗诺夫是一位年轻的苏联候补军官，二战

期间被德军抓获。然而,他并没有被送往德国的空军审问中心,而是接受了盖世太保的审问,他们使用的审问手段与前者完全不同。

阿夏弗诺夫回忆道:"开始审问时,盖世太保的人声音很轻很静,然后声音越来越大,最后开始可怕地咆哮,唾沫横飞。"盖世太保所用的正是中世纪的方法。阿夏弗诺夫说:"他们用火烧我,用牛皮鞭抽我,用夹子夹我的头,用钳子夹我的身体,用锯子割我的手臂,用针粗暴地刺伤我。"但这些手段的成效并不大。

阿夏弗诺夫挺过战俘时光,回到了苏联。但正如其他近250万回国的战俘一样,他被苏联视作间谍。阿夏弗诺夫在苏联的劳改营度过了8年。在那里,他继续被定期审问。他回忆道,苏联的审问方法不仅是为了让他恐惧,还为了让他明白,无论如何挣扎他都将失败,没有任何事情或任何人可以救他。苏联人更多地利用了基于伊万·巴甫洛夫的心理知识。阿夏弗诺夫在劳改营中也幸存下来,因此可以说,亲身经历了近代两大政权的极端审问手段。要知道,和他有相同经历并最终幸存的可怜人少之又少。

如之前所述,选择题的提出很简单,即在恰当的时机向受审者抛出两个界限分明的选择:其中一个是与理由相契合的假

第3章 为嫌疑人找理由，百炼钢化绕指柔

想真相，另一个是明显不利的选择。如果受审者仍然不肯说出真相，我们还有其他方法可增强选择题的效果。

比如，将选择题与威胁相结合。你可以这样说："如果你是出于一时冲动，出于对雇主的愤怒，那这只是损害财物罪，不是那么严重；但如果你继续保持沉默，我也无所谓，因为我可以以纵火罪起诉你，为此你要坐上15年牢。你告诉我，我应该怎么做？是起诉你损害财物还是纵火罪？孰轻孰重，你自己掂量。"

这种威胁的方法可能在军队审问中传播最广，被称为"恐惧加强法"或措辞更激烈的"恐惧加强法地狱版"。审问员会大声地挑衅受审者。《军队审问手册》中写道："该技巧的目的在于，让对方相信自己确实有需要担心的东西，相信自己除了配合别无选择。"

优秀的审问员必须明确地让受审者知道：他无须畏惧审问员，因为审问员能帮他们摆脱困境。也就是说，审问员是困境中的救世主。经调查，模糊的威胁往往效果最佳。如果审问员事后无法兑现之前的威胁，也不至于丢面子。威胁的关键是让受审者明白是自己的错误。《库巴克审问指南》为此推荐了一个万能金句，即"你让我别无选择"。

然而，这种极端手段也会造成很多麻烦，使你接下来无法

使用别的审问方法，因此，只能在最后时刻使用。温和地使用恐惧加强法效果更佳。虽然是威胁，但是你可以友好地表达出来。如果对方继续沉默，你可以用客观、友好的语气列举他面临的所有不利后果。

> 案例直击

让嫌疑人做选择，辞职还是吃官司？

一名参加过我专题讨论课的学员，某大型企业的人事主管怀疑销售部的一位员工伪造了客户调查问卷。他该怎么做？他将那名员工找来谈话，并向其提出一个恐惧加强法选择题："我们现在有两个选择。第一，将问卷送到笔迹分析中心，如果证实问卷是你填写的，则由你支付数千欧元的分析费。我们会将分析结果送到检察院，你将被以伪造证件和诈骗的罪名起诉，然后永远滚出这里。第二，承认你犯了错，明天早上9:00前把你的辞职信放到我办公桌上。"

你觉得这些话太无情吗？是的，这位人事主管确实用尽了一切办法。他知道受审者绝不会主动招惹检察院，因为那无异于自投罗网，受审者会因伪造证件和诈骗的控告在法庭上陷入艰难的处境。对于刑事案件，你完全

第3章 为嫌疑人找理由，百炼钢化绕指柔

可以以起诉等法律手段威胁对方，无论法院最终是否对其作出判决。本案最后结果如何呢？辞职信8:30就躺在了他的办公桌上。

分寸依然由你把握，但选择题必须符合明智使用恐惧加强法的原则。若情景合适，你还可以使用所谓的"支持宣言"，即铿锵有力地谴责坏选项，比如"这样的你真令人失望"（消极的支持宣言）；然后再热情洋溢地称赞好选项，比如"我们每个人都能理解你的做法"（积极的支持宣言）。

随后，提出只需对方回答一个字或点头的引导性问题。若审问员表现出对受审者的理解，拍拍他的肩膀那就更好了，只要这些举动符合当时的情景。下面总结一下各种方法的使用顺序：

选择题 "你修改了客户调查问卷，是想损害公司利益，还是担心两次被书面警告后会被扫地出门？"

消极的支持宣言 "这真是一种卑鄙可耻的、有损公司形象的行为。"

积极的支持宣言 "人们出于恐惧确实会做一些事后后悔的荒谬事。"

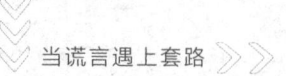

引导性问题 "你是出于恐惧才做的,对吗?"

依此顺序,选择题的效果将加强,尤其反差效应将增强。

抽丝剥茧,不见真相不撒手

电影中经常上演以下场景:受审者终于招供,警察舒服地靠在椅背上说:"现在把事情一五一十地说出来吧!"随后,嫌疑人便招认了作案的全部细节。很可惜,现实并非如此。事实上,受审者在整个谈话过程中会很少说话,因为他习惯了扮演倾听者的角色。即使他承认你提供的理由,你仍要毫不含糊地让他自己开口承认。以下是完成最后一个步骤的最佳方法。

首先,你必须作出正确的反应。当受审者接受你在选择题中提出的好选项时,自信的审问员必须让对方感觉自己已经掌握了全部真相。你可以说:"我已经想到你会这样选了。"不要继续刨根问底,而是直接跳至你关心的下一个问题。如果对方在下一个问题中也供认不讳,则继续跳至下一个问题。待问遍所有情况之后,你再回过头一步一步地追问细节。此时,最好不要从第一个问题开始追问,而要从受审者承认的最后一个问题开始。通常情况下,最后一个问题涉及的是案件最为关键之

第3章 为嫌疑人找理由，百炼钢化绕指柔

处。总而言之，追问细节时要从后往前。

让对方先承认一件小事可能效果更佳，即使这件事看起来与案件关系不大。这是吸尘器推销员惯用的踏脚入门技巧，即在对方打开门时，先将脚伸进门内，然后再进行推销。如果对方承认了作案事实，那你已经取得了部分进展，之后获得完整的真相将变得更加容易。

让受审者习惯开口讲话，并获得奖励，这样他的自我感觉将越来越好。你应该在他开口之后，再一步步提出越来越开放的问题，从而挖出整个真相。比如，你可以这样说："那之后呢？之后又发生了什么？"

要感激你获得的每一条细微信息。你必须让对方在每一次坦白中都感觉良好。德国某情报机构的一位女性审问员曾对我说，她会对受审者说出的每一条情报予以奖励。她会给提供情报的受审者一本书，或者允许他们去冲个澡。

在日常生活中，一句简单的"谢谢"已经能起很大作用。即使这声"谢谢"没有达到预计效果，你也可以借此软化对方。这声"谢谢"听起来也很合理，因为说出真相似乎是唯一正确的选择，所以，你可以说："你做了正确的事情。"重要的是，你要对每一次坦白都给予积极回应，永远不要给予消极回应。如果你反而骂受审者为懦夫，他将重新沉默。绝对不要说："你

偷钱的时候可没哭哭啼啼的"。

当对方修改之前的供词时,也请给予积极的回应。绝不要说"终于说实话了,你这个谎话连篇的家伙",而是说"很好,这件事现在澄清了""过来,我想跟一个坦率的男人握一下手"。

一位警察局顾问强调了在审问最后一步中特别重要的事情:"最好将对方的动机放在首要或中心位置,告诉对方,他此时此刻有机会说出真相,有机会从压力中解脱。"你要让受审者知道,现在最重要的不是找出事情发生的经过,而是原因。你可以说:"你一直以来都是个很理智的孩子,我也知道当时的情况很特殊。现在重要的是对你的行为作出解释,所以,为什么会发生这样的事?"

这时,对方也可能说:"我虽然想坦白,但可能会晚一点。"或者,他想让受害者自己说,又或者他想先跟自己的妻子或女朋友聊聊。这时,千万不要妥协,因为这会让你所有的计划泡汤。出色的审问员需要将上述心理技巧融会贯通,因为这些技巧的"药"效很短。

一而再再而三地让受审者明白,说出真相是唯一正确的选择。以下是一些实践效果良好的煽情语,你可以根据事件情况和类型斟酌使用。

第3章 为嫌疑人找理由，百炼钢化绕指柔

■你知道吗？如今的男人以哭泣为耻的观念太重了。他们把什么都往肚里咽，不想跟人倾诉。正因如此，男人患心肌梗死的概率才会远远高于女人。很高兴见到你的眼泪，因为这说明这件事情触动了你的心，也反映了你想痛改前非的决心。

■如果你是我的亲兄弟，我还是会给你同样的建议。说出真相吧，这才是唯一正确的选择。

■想象你的生活是一双新鞋，而你正好踩到了狗屎。你现在有两个选择，要么扔了这双新鞋，要么擦干净继续前行。这也许有点倒胃口，但你之后会为此感到高兴。你要放弃你的生活，还是重新开始？

■你害怕惩罚吗？你还记得小时候做错事情会怎样吗？如果你说实话，虽然还是会被惩罚，但如果你撒谎，难道惩罚不会更加严厉吗？

■你以为你是世界上第一个犯错的人吗？不是，你并不是第一个，而且你现在有机会改正错误，重新开始。你也可以选择让事情变得更糟糕，决定权在你手里。现在可以告诉我真相了吗？

■我打赌你自从做了这件事后心里面就像压着一块巨石。只要看到巡逻车，你就会心跳加速，因为你觉得

那是来逮捕你的。但现在，你有机会摆脱这种恐惧，放下心里的巨石。所以现在，你必须跟我说实话。

■不管你现在说什么，都不会令我特别震惊。人们会做最恶劣的事情，但所有这些我都可以理解。只有一件事情会真正让我失望，那就是你欺骗我。如果这样，我宁愿你马上闭嘴。

■我们做了一些并不光彩的事，或许我们的家人永远不应该知道。怎么办呢？告诉我真相，让我来帮助你。重要的是从现在起，你要如何重新开始你的生活。

■你只不过是偶尔犯了错。如果时间倒流，让你有机会阻止这件事情发生，你一定会毫不犹豫地去做，对吗？但时间无法倒流，所以，请帮帮我，同时帮帮你自己，说出真相吧！

■只有胆小鬼才会躲在谎言的背后，但你是男子汉！让我来帮你！向我证明，我是对的，你有足够的男子汉气魄来说出真相。

■假设你是物理老师，而且此时正在监考。你当场看到两名学生作弊。你亲眼所见，所以对此毫不怀疑。你问第一个作弊的学生："你偷看别人试卷了吗？"他解释说他的父亲威胁他如果不在物理考试中拿更高的分数，

第3章 为嫌疑人找理由,百炼钢化绕指柔

就会将他禁足在家,因此他才出此下策。然后你将第二名学生叫来,问他同样的问题,但他看着你的眼睛回答道:"我偷看了吗?您首先得有证据。"怎么样?你会对谁更有好感?

■你当然会觉得抱歉,但是现在你选择了说实话,这是唯一正确的选择。

正如前文提到的,人类的行为通常是理智的。当认识到坦白比沉默更有利时,受审者就会坦白。受审者认识到这一点的时候,正是你使用以上句子的时机。你需要将真相描述为唯一有意义的决定,也是走向诚实的阳关大道。这是天堂和地狱的选择,好的选项只有在与地狱的对比之下,才能成为天堂。即使冥顽不灵的罪犯也渴望回到正途。

坦白和抗拒之间,只差一个理由

羞耻是什么感觉?你只想逃离,只想把自己藏起来。愧疚呢?它让你渴望改正错误。

科学界对愧疚感和羞耻感加以区分。愧疚感源于我们的良心,因此是私密的,来自内心深处。羞耻感是裸露在别人面前的感觉，是只有当他人在场时才会产生的感觉，来自公众。这样的区分体现在审问中时，会有如下影响：羞耻感让人想把自己藏起来，让人沉默或者闪烁其词，避免承认任何事情。

当被曝光在公众面前时，有些人仍会因为当初的过错带来的羞耻感而意志消沉，甚至产生自杀倾向。相反，愧疚感让我们走出自己的世界，以减轻这种感觉，因此会通过招供或弥补让自己好受些。

这对审问而言具体意味着什么？意味着我们应始终致力于将对方的羞耻感转化为愧疚感。理由正是由此介入，它告诉对方他的行为是可以理解的。这并不是说他完全没有责任，而是清除挡在坦白之路上的障碍——羞耻感。

清扫羞耻感之后，剩下的就是愧疚感了。愧疚感极为有效，几乎是最能促使人坦白的一种情绪。《库巴克审问指南》中写道："不断增强的愧疚感，通常不仅能加深一个人的恐惧，还能加强他对坦白这条唯一出路的渴望。"

我们将在下一章讨论纳粹头目艾希曼的审问员阿夫纳·雷斯。雷斯将自己效果奇佳的审问技巧总结如下："审问就像马赛克，形状是慢慢形成的，是一块一块石头拼起来的。审问员这个有自己性格的人，要促使受审者的内心产生说出真相和为自己解释的渴望。"

第3章　为嫌疑人找理由，
　　　　百炼钢化绕指柔

你只需要给对方一个解释的机会，也就是为对方制造一个理由，让他可以在你面前、在自己面前以及在全世界面前为自己辩护，而不用颜面扫地。

前文解释过的几个理由中通常必有一个适用：形势所迫、是别人的错、人人皆如此。如果它们都不合适，那你还可以使用万金油，即道德上可接受的借口。为对方提供理由之后，紧接着向对方提出选择题，借此言简意赅地总结合适的理由并增加一个坏选项。另外，你需要等待对方到达临界点时，再提出选择题。你还需巧妙地用强化手段威胁对方。

最后，你因为表现得一切尽在掌握而使对方开口说出真相。此时，你要先让对方粗略坦白事件的方方面面，并对其每次的坦白予以奖励。最后以煽情语结束审问，为对方的坦白扫除最后的障碍。

这种看似十分复杂的方法可以通过英国首相温斯顿·丘吉尔的轶事加以阐释。据说，在一次晚宴上，宾客将一把传承百年的银叉偷偷装入了自己口袋，伊丽莎白女王犯愁地将这件事告诉了丘吉尔："我该怎么做才能在不当众揭穿他的情况下，让他将东西还回来呢？"

丘吉尔表示愿意帮助女王解决此事。只见他将一副刀叉藏入自己的上衣中，假装不经意地走到那位宾客身边，偷偷地左顾右盼，并说道："我想，我们被发现了。"然后，他将刀叉从口袋里拿出来，放在了宾客面前的桌子上。这是保全对方面子的最佳办法，同时，女王也得以完整保存这套餐具。

再次回到本章开篇时我的经历——潘诺酒瓶的故事。几个月后，我想将酒瓶还回去，但却不再可能了，因为这家小餐馆倒闭了，但愿不是因为这只丢失的酒瓶。这个美丽的瓶子最后带来了什么？把它偷来近20年后，我仍保留着它。自那以后，我再也没在家喝过潘诺酒，也没把这只酒瓶用作花瓶，因为它太小了。但不久前，我给它拍了张照，并在演讲中将这张照片作为黄金桥梁缺失的反面教材。

牛津教授笔记

欲得真相,先找理由:

  理由1 形势所迫(诱惑、强迫等)。

  理由2 是别人的错(老板、妻子、孩子、法律、社会等)。

  理由3 人人皆如此。

  理由4 道德上可接受的借口。

倘若天堂有路,你走不走?

  简短总结理由,附上一个完全不符合实情的选项。

临界点　找到正确时机。

恐惧加强法　客观列举所有不利后果。

支持宣言　积极宣言与消极宣言。

引导性问题　再次给出好选项。

抽丝剥茧，不到最后不撒手：

正确反应　再次让对方觉得你已洞悉一切（"我已经想到了"）。

确认概况　首先让对方粗略坦白事件的方方面面，然后再刨根问底。

软化对方　奖励对方开口说话的举动。

煽情语　"回到正确的道路上来吧！"

>>> 第 4 章

关系处得好,
坦白少不了

都什么年代了还在严刑逼供？如果和对方建立关系，也许一杯咖啡就能解决问题。

你想知道如何让孩子说真话吗？想知道怎么唱好"红脸"和"黑脸"吗？想知道怎样轻松让对方主动坦白吗？赶紧翻开本章去寻找答案吧！

米兰·昆德拉

……因为爱是一道无解题。是的,我找不到对爱更好的定义。

第4章 关系处得好，坦白少不了

世界上恶人的面孔很多，而20世纪最著名的一副面孔自然是阿道夫·艾希曼那张干瘪、苍白的脸。作为犹太人事务及灭绝事务部门的负责人，他要对近600万人的大屠杀负直接责任。那时坊间传闻，艾希曼出生在以色列特拉维夫附近的德国殖民地萨罗那，在一座基督教教堂里降生；他能说流利的犹太语和希伯来语，熟知犹太礼仪。

然而，事实却没那么有趣。艾希曼出生于德国索林根，父亲是当地某有轨电车公司的会计。他既不会说犹太语，也不会说希伯来语，但通过有意识地操控相关传说，推进自己作为"专业领域"专家的事业。

德国投降后，这位教育良好的机械师换上假名，以家禽饲养员和临时工的身份掩人耳目，苟且偷生。存够钱后，艾希曼于1950年通过"老鼠路线"，即纳粹战犯偏爱的逃跑路线，飞抵阿根廷。之后，他以里卡多·克雷门特的假名在布宜诺斯艾利斯的戴姆勒-奔驰公司谋得一个电工职位。

最后，一位曾经的集中营囚犯认出了艾希曼，并给德国最高检察长弗里茨·保尔写了一封信。弗里茨通知以色列情报和特殊使命局（摩萨德）。当时，正好有摩萨德特工因会议缘由在阿根廷停留。他们中的一位特工偷偷潜入艾希曼位于CalleChacabuco大街的公寓，之后却向总部报告，这一定是个误会，因为一个如此高层的纳粹不可能生活得如此潦倒。

但经过几次探查后，摩萨德最终确信，住在那里的人就是艾希曼，于是他们采取了行动。1960年5月11日，星期三，晚上8：05，艾希曼一下公交车便被三名特工拽到一辆汽车上，几天后被以色列航空送往以色列。他在那接受了审判，受到了公众的大量关注。

因为此次对艾希曼的抓捕违反了国际法（此次事件导致了以色列与阿根廷外交关系的恶化），以色列政府还力求对艾希曼进行公平审判。审判不那么关乎复仇，人们更多地将艾希曼视作了解纳粹政权的工具。如何才能从他口中挖到情报呢？

以色列最好的警察、本书已多次提及的阿夫纳·雷斯被选

第4章 关系处得好，坦白少不了

为艾希曼的审问员。为什么选他呢？要调查纳粹政权罪行的人当然不会是无名之辈，雷斯是有组织犯罪①领域的专家。

> 案例直击

让屠杀百万人的纳粹首领乖乖坦白

阿夫纳·雷斯于1916年在柏林出生，当时名为威尔纳·雷斯，是一位专业女士发型师。智商超群的雷斯当年去巴黎和纽约的以色列领事馆时，用的就是这个身份。现在，他就坐在这个要为他的同胞和许多亲人的死亡负责的男人面前。他是如何对待艾希曼的？是用暴力和鄙视吗？不，不是的，因为他的目标不是复仇，而是任何优秀审问员都拥有的目标——找出真相。

雷斯回忆道："我那时没戒烟。每当我在审问过程中抽烟时，都会递给艾希曼一支。老实说，这一举动并非出自我的怜悯，而是深思熟虑。对于艾希曼而言，我并不是个讨厌的人，这影响了整个漫长的审问过程。"雷斯的同事备感震惊，其中一位对其抱怨道："我曾经被他们当成狗来对待，而你却称他为'先生'！"

---

① 有组织犯罪即三人以上故意实施的一切有组织的共同犯罪活动。——译者注

但雷斯的策略成功了。雷斯与艾希曼在以色列海法市的监狱中共同度过了 275 个小时，一共 8 个月。

雷斯如此形容与艾希曼之间的谈话："在每次数小时的审问中，我们相对而坐，用聊天的口吻说着我们那个年代最惊天动地的大事，谈论着被人类所能想到的最毒辣、最暴力的手段有组织地屠杀的几百万人。"这些情报并非偶然得来，而是雷斯从与艾希曼的谈话中千辛万苦挖来的。

雷斯在日记本中写道："第一次见到他时，他十分神经过敏，而今天，他对审问的兴奋让我大吃一惊。狱警告诉我，艾希曼迫不及待地希望每天被我叫去审问。当得知某天的审问取消时，他还会表现得特别沮丧和失望。"

雷斯人物传记的作者贝蒂娜·施坦内特如此表达她对雷斯审问方法的惊叹："直至今日，每一个听过审问室录音的人，都还惊讶于他安静和温柔得无法形容的声音。只有当你知道他对艾希曼除了理解，还有其他完全不同的感情时，你才能察觉他声音里包含的真情实感。"事实上，艾希曼本可以保持沉默，但他没有。这是为什么呢？因为雷斯运用了一种技巧，他给艾希曼制造了"说出真相于己有利"的感觉。

第4章　关系处得好，
　　　　坦白少不了

　　审问技巧，即挖掘真相的方法，被认为是一种黑暗甚至神秘的艺术。但事实上，它并不是多么神秘。相反，审问的原则简单明了，成功的前提就是必须在审问员和受审者之间拉起一条看不见的纽带。

　　无论你去翻心理学家的研究报告、审问手册，还是与情报部门的专家坐在一起，有一点始终不会改变：不与对方建立良好关系，其他一切努力都是徒劳。即使审问员像雷斯一样，要审问杀害自己父母的凶手，也依然要与其建立良好关系。

　　一份研究报告显示，有100名英国警察承认，在所有案件中，由于审问员和受审者之间的关系缺失，导致案犯否认作案的比例约为42%。当这一关系得以建立，受审者往往会开口说话。

　　美国FBI审问员格雷恩·卡尔发现："将一个人置于生理和心理的双重压力之下并不难，但如果与对方的关系建立在痛苦和恐惧之上，审问就不可能持久，也不可能有太多收获。……每场审问都必须建立在人与人关系的基础之上。我们需要在彼此之间建立起真正的心理联系，然后对此善加利用。"

　　一名美国战俘在被敌军情报部门审问之后作了如下报告："我走进去，里面坐着一个男人，一个特务……他请我坐下，态度非常友好……他非常出色。我几乎感觉坐在我对面的人像我的朋友一样……我不得不一再提醒自己，这个男人不是我的朋友……这于我而言困难许多，因为在他面前，我感觉有责任说出真相，并且进行解释和辩护，就像我在您面前一样。"

　　这听来也许很奇怪，但事实是，无论审问战犯，还是质问年幼的儿子是否偷吃了巧克力，问话技巧都完全一样。在日常生活中，源于极端情况的技巧往往能够提供有效帮助。因为被雷斯用来与艾希曼建立关系或被美国 FBI 用来与塔利班嫌疑人建立良好关系的技巧，也能帮助你更轻松地与谈话对象或周围其他人建立关系纽带。这便是本章的核心内容。将应对极端情况的有效方法，应用于日常生活中简直游刃有余。读完本章后你会深信：如果他们可以做到，你也一定可以！

建立关系第一步，环境是基础

　　你最近一次承认错误是在何种情形之下？是在一群人面前，还是单独某个人面前？有经验的审问员都知道，只要有第三个人在场，受审者的回答就会更加犹豫不决。

　　威廉·海伦斯，一个可能杀害了 3 个人，至少入室盗窃 29 次的 17 岁少年，本打算和盘托出，但当近 30 名警察出席审问时，他改变了想法。摄影或做笔记都会影响谈话中审问双方的亲近感，为招供增加难度。

第4章 关系处得好，坦白少不了

所有审问手册对于审问场地的要求惊人的一致：简单、无令人分心之物。《库巴克审问指南》建议："审问室内不应有任何令人分心之物。墙壁、天花板、地毯和家具的颜色必须被掩盖。避免墙上挂画，如果有，也必须是非常不起眼的画。"

直射受审者脸部的刺眼灯光其实并不存在。最适合审问室的是漫射光。审问员和受审者之间不能有桌子，因为这样的屏障意味着一种安全距离，会缓解过错者的紧张情绪。周围甚至不能放笔，以免受审者手中有东西可以摆弄，进而缓解紧张情绪。审问双方最理想的距离是 1.2 ~ 1.5 米。审问室不要使用转椅，而是使用靠背笔直的椅子。这样，就没有人会感觉太过放松。审问员面对受审者而坐，但坐姿不要前倾，避免给对方带来威胁感。

最后，审问中必须保持不被打扰。正如《库巴克审问指南》里所写："如果你在审问时因为找笔或被午饭邀请突然打断，可能会造成严重后果。同理，房间内也不应有电话。因为它极有可能在不恰当的时间铃声大作。"

上述所有技巧都可以直接应用于日常生活。比如单独进行谈话时，你应该在尽可能简单的房间进行；为保证不被打扰，你要预先关掉手机。

另一种情况则是公开场合的审问，受审者完全没有意识到自己正在被审问，比如在咖啡厅、酒吧或散步中。我为了写作本书，还咨询过某军事情报部门的女间谍，她证明了这一点。她说："真正出色的审问往往在受审者没有察觉的情况下悄然进行。"该建议如何与上面建议的尽可能低调、毫无装饰的环境相互协调？这是两种完全不同的策略，在某些情况下，两种策略都是有效的：一种是低调的环境（受审者知道自己在被审问），不为受审者提供任何可缓解紧张的分心之物；另一种是在咖啡馆或餐桌旁等本来就具有诸多分心之物的场合，使受审者完全意识不到自己正在被审问，因此更有可能泄露信息。

这些方法在日常生活中意味着：如果可能的话，你可以选择一个让受审者完全意识不到自己正在被审问的环境。但如果是正式场合，比如绩效面谈、贸易谈判或真正意义上的审问，你就要选择尽可能不会被打扰、没有装饰的房间。

如果想让孩子说实话，你要注意以下几点：

■ 务必建立联系。讲述你的童年，比如干过什么蠢事。（"我小时候总是翻箱倒柜地找出所有糖果，然后一口气吃光它们。"）

■ 一旦确定场所（远或近）、时间（长或短）或数字（年龄、重量、时间、日期），必须将这些信息解释给孩子听。

第4章　关系处得好，坦白少不了

这很重要，因为孩子常常以为自己理解正确，但事实往往并非如此。

■ 解释给孩子听，谎话究竟是什么。你可以说："你知道真话和谎话之间的区别吗？如果我说我的鞋子是蓝色的，这是真话还是谎话？……没错，这是谎话，因为我的鞋子是棕色的。如果我说你是个孩子，这是真话还是谎话？……对的，这是真话。你现在知道真话和谎话的区别了。现在，你对我说真话非常重要。"

■ 让孩子明白，当问话人说错时，他可以纠正。告诉他："如果我说错了什么，就纠正我。比如，如果我说你有一头金色长发而你明明是深褐色头发，你要说什么？……对，就是这样！"

■ 使用开放性问题，比如："你昨天做了什么？"如果你提出非常有针对性的问题，比如："你昨天吃了冰激凌吗？"就有可能得到一个虚假回答，因为孩子很容易被影响，经常以为问话人想听到的就是肯定的回答。因此，诸如"你昨天放学后做了什么？"等问题，往往比"你昨天放学后做了家庭作业吗？"等问题更容易得到真实的回答。

■ 问简单明了的问题。对孩子提的问题不能是否定句，不能从句套从句，比如"你没有吃巧克力吧？"。话题转变太快也会让孩子感到困惑。孩子更喜欢回答没有意义的问题，尤其是没有意义的疑问句，比如："石头比耳朵慢吗？"但就算他们有什么不懂的，也不会追问。所以，关键在于简单！

■告诉孩子，他并不一定要回答所有问题。你可以说："我自己也不是什么都知道。如果你问我，世界上有多少种冰激凌，我也不知道答案。所以如果你有什么不知道的，也没有关系。你可以直接说'我不知道'，这样比自己乱猜更好，对吗？"

恐吓一无所获，和善大有作为

美国军事审问员麦凯回忆在阿富汗特别重要的一次审问时表示，一位名叫菲茨杰拉德的同事曾经花了数周时间，与一位名叫阿伊米的囚犯建立关系。但突然有一天，被麦凯称为"其他政府部门"的某美国情报部门，派出一名女员工（极有可能是美国 FBI 的特工）介入并接管了审问。

菲茨杰拉德非常愤怒，因为不知道这位女特工掌握了什么情报——控告的细节、囚犯以前的生活等，所有这些信息他自

第 4 章　关系处得好，坦白少不了

己都不知道。通常情况下，FBI 也不会跟任何人交流这些信息，即使是对美国军队。

菲茨杰拉德和麦凯只能乖乖地坐在一旁观察。麦凯记下了观察到的情况："从某种程度上讲，这位女特工令我印象十分深刻——充满敌意、委婉的威胁和凶狠的眼神。她掌握着菲茨杰拉德拼命想得到的情报……"

虽然开场十分有利，但麦凯很快就失望了。他说："这位女特工的审问并没有起到作用。阿伊米不承认并保持沉默。而且，时间持续越长，这位女特工越穷追不舍，他就越沉默。……我看到菲茨杰拉德在那 1 个月的审问中，大多数时候只盯着自己的鞋子。我很难过，因为他生命中整整 1 个月的时间化为乌有。他与这位极度复杂的囚犯之间建立的关系，在半个小时内就被其他政府部门的女特工毁了，而这位女特工甚至对此毫不知情……"

无独有偶，美国军队审问员托尼·拉戈拉尼斯在伊拉克经手的第一桩案子也遇到了类似情况。在那桩案件中，拉戈拉尼斯的上司认为受审者是萨达姆的情报机构穆卡巴拉的成员。但拉戈拉尼斯在报告中称："他严重营养不良，骨瘦如柴，手脚肿胀。因此，我推断他是一个体力劳动者或者光脚在田间劳动的人。但当受审者说自己是农民，我坚持称我们知道他曾经是

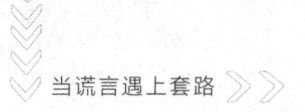

情报人员。没过多久,我就使用了恐惧加强法地狱版。我用阿拉伯语对他吼叫,同时拳头敲得砰砰响,总而言之竭尽所能地吓唬他,但并不直接威胁他。残酷恐惧地狱版是我能用的唯一手段。"

正如我们在选择题一节中所说,恐惧加强法的目的是在不使用暴力的情况下让受审者恐惧,但这一方法当时毫无效果。拉戈拉尼斯继续写道:"很快,他开始哭泣。我们很难确定他哭是因为我上演的戏码太好,还是因为他觉得再也无法见到家人。我冲出去在报告中写道:'该囚犯拒绝合作,建议移交阿布格里卜监狱继续审问。'"

这名囚犯确实被移交到了阿布格里卜监狱,因为不肯透露任何蛛丝马迹,而且这样的情况持续了数周。阿布格里卜监狱关满了很多可能无辜的人,他们中的一部分必须等待多年,直到有人来处理他们的案子。审问员常常认为,同情是挖掘真相之路上的挡路石。

大部分审问新手都会这么想,但紧接着就会尝到惨痛失败的滋味。

虽然他们迟早会意识到自己犯的严重错误,并意识到看起来"温柔"的心理技巧,远比强硬手段有用得多。

美国审问员马修·亚历山大讲述了其职业生涯中获得的最

第 4 章　关系处得好，坦白少不了

大成功。在伊拉克某处的审问帐篷内，他与一名重大嫌疑人面对面坐着。在此之前，这名受审者的所有审问员都是些使用强硬手段的家伙，他们对这名受审者进行了长达数月的吼叫式审问和恐吓，但都失败了。受审者始终沉默着，直到亚历山大出现后才和盘托出。

为什么？因为亚历山大不威胁他，而是与他聊埃及阿尤布王朝开国君主萨拉丁成功抗击十字军的故事。最终，亚历山大得到了关于基地最高首领之一阿布·阿尤布·马斯里的情报。亚历山大的上司和同事都对此震惊不已。问及他成功的秘诀，他只是说："也许是因为我对他表示了一些尊重吧！"

如果将这种技巧应用到日常生活中，意味着不要做任何让你看起来很凶的事情，不要对任何人大吼大叫。如果你是抽烟人士，谈话过程中请克制自己，别当着受审者的面抽烟。因为心里有鬼的受审者会有意识地寻找审问员的性格缺点。因为对既不尊重又不喜欢的人说谎，往往更加容易。

除此之外，请保持友好，最重要的是，不要回应对方任何的敌对举动。忽略对方的威胁，让对方感到愧疚。相反，如果你回应对方的威胁，他反而会感到满足。如果你的员工看起来对你不太尊重，先不要生气或指责他。不要不知所措，使用上述技巧处理即可。

每场成功的审问都是从大脑开始的。你必须有清晰的目标：你不想树敌，只想调查真相；不想让任何前员工站到劳动法庭上说公司坏话或持凶器到办公室闹事；不想进行一场如玫瑰战争般旷日持久的斗争，而是尽量好聚好散。

德国某联邦州的警察将审问员的内在态度视作审问成功的关键。他们将对审问员的这一要求称为"审问员的主祷文"：

> 要冷静，客观，友好，不谄媚。不吼叫，不威胁，不挑衅，不被激怒。不自大，不倨傲，不自负。
>
> 不嘲讽，不挖苦，不幸灾乐祸。不做道德使徒，不好为人师。不惊讶，不诧异。不颐指气使，不打官腔。不过分热心。不存偏见，不表轻视。
>
> 要自信，要宽容。要耐心，要冷静。要坚定决心，找出真相。要坚定信心，适当施压。

该段文字虽然是为警察而写，却能应用于每一种审问场合。无论审问主题多么让人情绪激动，无论是多年的合作伙伴在背后捅你刀子，还是会计夸大了账目，或者孩子利用了你的信任，你都要保持自信和冷静。你的目的是找出真相，而非惩罚他人。当然，如果真相水落石出，你便可以施以惩罚。

第4章　关系处得好，坦白少不了

我们有时会对别人做的事感到愤怒、受伤或震惊，但这些感情往往于事无补。即使是调查残忍的强奸案或杀童案的警察，也必须与嫌疑人建立关系。你必须让对方感觉你对他的关心是真诚的。审问员必须始终控制自己，控制局面。

每位审问员都必须明白，对于受审者而言，招供意味着整个世界的坍塌。职员承认盗窃意味着失去工作，孩子承认说谎意味着让父母失望，并且永远不能再得到那辆汽车。因此，受审者总是感到紧张。因此，你要以轻松的态度面对受审者。

科学证明，受审者感觉越舒服，坦白的信息就越多。美国军队将缓解对方恐惧的方法称为"恐惧减弱法"，它能使受审者平静下来。你给他一支香烟或一杯咖啡，就等于给他勇气。这时重要的不是折磨他，而是用你的友好消除他的心理防线。

正如英国审问专家罗伊·吉勒斯所说："这样可以迅速与对方建立个人联系，并且打下交流的基础，因为对方会对你的友好给予积极反应。"吉勒斯在无数场审问中都以礼貌以及一瓶威士忌为法宝。"我觉得这样很好，所以就一直保持这种做法。"因此，请保持放松的姿势和平静的声音。你让对方感觉你很放松，那他也就没有理由紧张了。

这些技巧在日常生活中同样适用，尤其当你需要应对棘手的谈话场景时。你需要将全部注意力集中在对方身上。在真正

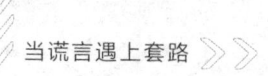

的审问开始前,与受审者进行简短的闲聊也是优秀审问员的必备技能。但是,闲聊必须或多或少地为接下来的谈话服务,使其不至于突兀,从而增加对方的紧张感。

因为正如里德所说:"毫无关联的问题会增强对方的紧张感,并对你产生质疑,比如'你的爱好是什么?''你最近看的一部电影是什么?'等。通过无关紧要的对话与对方建立关系时,这些对话应该有时间意义,比如天气、本地某体育赛事的结果、一条全国性新闻。"这样的话,你也可以为接下来的谈话定下基调,向受审者表明此次谈话中你是提问者。

如果受审者十分高傲,那么千万不要与他比拼优越感。相反,你要态度和善,并表现出被对方的丰富知识和经历所折服的样子。年轻、表面天真的女性审问员对男性受审者使用这种方法,简直屡试不爽,因此美国军队将其称为"迷糊审问"。

前文提及的优秀审问员菲茨杰拉德,在伊拉克工作时曾恨不得马上离开这个国家。《军队审问手册》中记载:"他会告诉战俘,他和他们有一个共同点,即都想离开这里早点回家。回家的唯一途径就是在这里继续坚持,直到让美国军队满意,把他们双方都放回家。……接受这一说法的战俘或许能感受到菲茨杰拉德的诚意,这或许就是他如此成功的原因。"

第 4 章　关系处得好，坦白少不了

"吹"出真相

美国的审问很业余。比如说，美国审问员花费了整整 6 个月才发现，患抑郁症和关节炎的阿富汗人穆罕默德·萨迪奇并非基地成员，而这位可怜的老人当时已经 89 岁了。又过了 4 个月，这位老人才被释放。

美国犯了很多重大错误。伊拉克战争前，每名小学生都可以在谷歌上查到以下信息：萨达姆统治下的伊拉克基地组织成员都在蹲监狱；他们的副总统是基督徒；人们猜想萨达姆和被臆想出来的基地组织之间存在联系，以及全世界所有国家的恐怖分子在基地组织内都通过手机合作……这些说法都很荒谬。

当美国士兵到达伊拉克时，他们看到了"9·11"恐怖袭击的视频，扣人心弦的音乐声、人们的哭泣声和飘扬的旗帜在视频中交织。与许多其他国家不同的是，美国对这类问题进行了开诚布公的讨论，对于伊拉克战争至今仍有争议。

出现反对的声音绝非偶然。许多阿拉伯国家的监狱里在发生什么？通过维基解密我们至少了解了印度警察在克什米尔战争中的审问：有近 500 名受审者被电击伺候，近 200 人被暴力强制劈叉，近 300 人遭遇性暴力。需要注意的是，这里的重点不是惩罚（反抗者通常被立即执行死刑），而是审问技巧。

我们清楚地认识到,从历史的角度,在经济发展、基础设施及教育等方面总体而言处于劣势的国家,往往在司法和审问技巧等领域也实力较弱。不自由的国家总是会严刑逼供,从社会主义国家到所谓的第三帝国再到非洲独裁政权,无一例外。

其他西方国家也臭名昭著,但至少它们半路开始对此进行公开讨论。1967年起,每年有近5 000名巴勒斯坦人在以色列接受审问,在此期间出现了大量对其刑讯逼供的控告。为此,以色列设立了兰道委员会。委员会发现,以色列特工确实对囚犯进行了刑讯。以色列由此得出一个荒谬的结论——将刑讯合法化。直到30年后,以色列最高法院才禁止使用刑讯。

英国人使用刑讯比美国更早一些,因为英国人早在20世纪六七十年代便在爱尔兰共和军囚犯身上试验了相应技巧。德国同样有值得指摘之处。我们知道,德国公民穆拉特·库尔纳特在关塔那摩监狱也遭遇了刑讯。美国本打算提前4年将其释放,但当时的情报组织协调员及现任外交部长弗兰克—瓦尔特·施泰因迈尔拒绝让其入境,让库尔纳特在那间刑讯监狱又蹲了几年,而且没经过任何法律程序。

库尔纳特并非个案,近54个国家的公民都曾被美国FBI逮捕并审问。为什么没有人对此进行调查?多亏维基解密,我们才能了解其中的缘由。原来,奥巴马的亲信曾明确地威胁其

第4章 关系处得好,坦白少不了

同盟(如英国),如若调查则终止两国情报部门间的合作,并且在发现该国存在恐怖袭击危险时不再提醒。美国虽然犯下了大量罪行,但绝不是个例,没有任何一个国家是清白的。

案例直击

满足对方虚荣心,让元帅主动招供

来自德国汉堡的银行家艾瑞克·M.瓦尔布尔格于1938年离开德国,后来以美国军官的身份回到家乡。1945年5月,德国投降之后,瓦尔布尔格以美国军官的身份审问了纳粹最高官员之一的帝国陆军元帅赫尔曼·戈林。

瓦尔布尔格回忆道:"在后期审问中,戈林身穿灰色陆军制服,佩戴众多肩章。据德国军官说,这些肩章都是纯金的。"一位美国士兵为戈林理发,他为了表达谢意,让人将一只金表转送给这位士兵,作为给"元帅先生"理发的纪念品。这些表现与其在审问中的行为相一致。

瓦尔布尔格描述道:"他无疑是聪明或者说狡猾的……但病态的爱慕虚荣超过了他的聪明。其爱慕虚荣之心如此赤裸裸,以至于几乎在他所有的回答中都有体现。"戈林抱怨住宿条件不符合其帝国元帅的身份："当然，我不该抱怨，毕竟我有足够的食物，但我必须跟三个只是上将的战俘共住一套小公寓。"

瓦尔布尔格观察到了戈林的这些性格特征，并对其加以利用。他说："头衔对他而言十分重要。我发现，当我以'帝国元帅先生'称呼他时，他会心情很好，更愿意回答问题。在审问过程中，他会努力用详细的回答取悦我——满足其虚荣心的人。"

美国军队将这一技巧称为"骄傲增强法"，即恭维受审者。这样会给处在艰难处境中的受审者一种支持。美国FBI特工格雷恩·卡尔解释道："如果一个人所有的尊严都被剥夺，所有的信念都被摧毁，那么结果将适得其反。因为受审者（或被逼着泄密的人）失去了保护他们骄傲和自我感觉的盔甲。"在这种情况下，我们应当保护受审者的自我价值观念，以达到审问目的。以下案例可以证明这一点。

某公寓的女房东被怀疑杀害了曾与其有过一段桃色关系的男房客。警察将其带到审问室，说道："进来吧，你这个疯女人。这个男人想跟你谈话！"看到这一幕的审问员首先以万分礼貌的态度对待这位全身都在反抗的女士。他以用于未婚女性的称

第4章 关系处得好，坦白少不了

呼来称呼她，并递给她咖啡和三明治。最后，审问员成功让女房东招供。

无论你认为对方是否有罪，都要始终表现出对对方的尊重，否则，将不能从他嘴里得到任何信息。一名性罪犯者在招供时说："如果他们对我更礼貌和尊重，我本会更早坦白。"

如果一个人遭遇彻底的失败并为此感到丢脸时，恭维是有效的方法。认可和称赞对每个人而言都很受用。如果某人做了不该做的事，尤其当他是单独作案时，那么必然很少获得认可和称赞，因为无法向任何人炫耀自己的所作所为。这种对认可和称赞的渴望得不到满足，我们便可以对此善加利用。

里德建议道："对嫌疑人的夸赞也能缓解审问双方天然的敌对关系。每位推销员都会说，你很难拒绝一个真心夸赞你的人。如果受审者确实有罪，那么夸赞可以有效降低他对审问员本能的敌意。"

那么，如何夸赞犯罪嫌疑人呢？比如，你可以赞叹对方作案时的冷静、准备工作的周到以及作案的专业。比如："不得不说，我从来没见过任何一个人从咖啡馆收银台拿钱的手段如此高明，这简直要赶上詹姆斯·邦德了。"

里德深信，诸如"年轻的外貌、不俗的品位、富有的家庭、好名声和无私精神"之类的夸赞尤其有效。一个人在弱肉强食的生物链中所处的地位越低，对阿谀奉承、夸奖赞美的反应就越强烈。

但里德告诫道，受审者也可能试图恭维审问员。有些受审者会将一名博士称为"教授先生"，将少校称为"将军"。根据里德所说，在这种情况下，必须立即纠正对方，不要让对方以为自己可以影响审问员。

若想从青少年口中听到真相，以下要点将帮你明显提高成功概率。年轻人通常称自己虽然不是作案者但认识作案者。他们会说自己对作案者了若指掌，但不想背叛他。

此时，不要立即跟对方说"也许你就是那个人"，而是要让对方详细讲述一下事件。在对方阐述之后，你再开始详细追问关于他这位"朋友"的信息。你要不断追问，直到弄清楚究竟是谁干的。

另外一个妙招是：首先跟嫌疑人的父母谈话。因为虽然青少年不会承认，但确实会受到父母的影响，而且，在某些情况下，父母在接下来的问话中有可能在场。首次谈话时，你要向对方的父母说明三点：

  1. 他们不需要为发生的事负任何责任。这件事与教育或对孩子的忽略没有任何关系。

2. 每位青少年都会做些蠢事，这是成长的一部分。大家都是过来人。

3. 你们只想知道真相，千万不要打孩子，他可能是无辜的。即使他并非无辜，你们也只是想帮助他。从长远看，他们只会看到对孩子最好的东西。

别把对方惹毛了

马修·亚历山大讲述过一个发生在伊拉克的案例。亚历山大与同事波比花了好几个月的时间与一位名叫阿布·阿里的恐怖分子嫌疑人建立关系。最后，这位嫌疑人说出了另一位同伙的藏身地。有趣的是，这位同伙还是他最好的朋友。

这次调查成功几天后，阿布·阿里被带到一间审问室，审问员打开笔记本电脑，播放了一段视频，视频中可以看到他最好朋友的房子。阳光照射在一栋平顶房上，房前停着一辆车。20秒的时间内什么也没有发生。突然，房子爆炸，空中升起浓烟。浓烟散去，可以清楚地看到，房子被夷为平地。波比说："好了，你看到的没有错。如果我们不好好合作的话，这就是未来伊拉克的样子。"

同时，亚历山大观察着受审者："20秒的时间里，他的脸如面具般僵硬，没有任何感情变化。突然，他身体前倾，就像有人在他胃部踢了一脚。他死死盯着地板，我看到有水滴到地板上。那是他的眼泪，他在抽泣……一分钟后，他在椅子上坐直，脸颊被眼泪浸湿，双眼透露着惘然若失和仇恨，之前伪装的面具不复存在。这一转变吓到了波比，他问：'阿布·阿里？你怎么了？'"

整个故事就是这样，他们让阿布·阿里看到了由于自己的背叛，其最好的朋友是如何惨死。从那一刻起，阿布·阿里再也没说过一句话，即使他们以死威胁。波比这个可怜的审问员又尝试了一次，他说："如果肯配合的话，或许你还有救"。阿布·阿里说："不可能。"然后便一言不发。

阻碍对方配合的最大原因，莫过于愤怒和随之而来的不信任。这使受审者像蚌一样把自己的壳关起来，不作任何回应。如果受审者愤怒了，你可以马上中断谈话。

有趣的是，与不信任不同，愤怒不一定源于审问员本人。因此，我们从一开始便要与对方建立良好的关系，并且在审问过程中绝对不能做任何激起对方愤怒的事情，同时，还要立即平息对方的怒气。里德建议，一旦受审者在谈话中产生愤怒情绪，审问员应当立即询问。他写道："如果受审者已经被激怒或失控，但却不表达自己的愤怒时，应询问对方'你跟我谈这

第4章　关系处得好，坦白少不了

件事时的感受怎么样？'。

这个问题为对方提供了表达和宣泄情绪的机会。审问员应适当地向对方表示感同身受，并试着通过解释尽力消除对方的怒气。有时候，只是向对方表明此次事件并不止他一个受审者就足够了。"

需要注意的是，诡计多端的人往往只是假装生气。他们用假装的愤怒掩盖自己的紧张。如何识别真假愤怒？一般来说，假装的愤怒更容易平息。

里德写道："在谈话中，说谎的受审者可能会挑衅或激怒审问员，以建立敌对关系。如果审问员通过暴力或威胁手段回应其挑衅，受审者的目的就得逞了。如果审问员不接受对方的挑战书，对方的愤怒很快就会消散。"如果你问你的伴侣这么长时间去哪儿了，而他却骂你有妄想症时，请忽略他的愤怒。

除此之外，还有一个非常简单的建议：小声说话。在向受审者阐述面临的指控时，不要表现得太具威胁性。否则，后果可能就是对方生气或完全沉默，这对审问双方都不利。

"你的同伴已经出卖你了"

传统的审问就像一场角色扮演：一方是做了坏事的坏人，

另一方是想挖掘出真相的好人。坏人的目标是通过诡计和谎言躲避惩罚，而审问员显然拥有惩罚坏人的能力——解雇、扣钱或者送入监狱。审问双方可能存在某种矛盾，使彼此不一定能顺利合作。

因此，你不要表现出自己就是对其施以惩罚的一方，不要表现出自己是最后的决策人，而应扮演受审者和惩罚者之间的中间人。惩罚者通常可能是司法机构、老板、老师或同班同学。这样一来，对方对你的敌意会消失，理想情况下，你们甚至还会成为"朋友"。

英国记者多米尼克·斯瑞特菲尔德对"洗脑"进行了多年调查。他说："理想情况下，审问双方的关系应该如同心理分析师与病人一样。在施加压力后，承受压力的人会将审问员视作上帝，即唯一可以结束自己痛苦的人。在走投无路的情况下，他会试图取悦审问员。在美国FBI的文件中，这一现象被称为'退化'。在进入这一状态时，审问员和受审者之间甚至会产生强烈的好感。"

如何才能最巧妙地让受审者明白，你是他最好的朋友？你可以向他透露，其他人都站在他的对立面。美国军队将这一效果极佳的方法称为"战友之恨"或"感情上的仇恨"。它的核心在于，让受审者相信他的战友已经出卖他了。

无论出于什么原因,你都要将对方的朋友描述成叛徒,这样,你才能成为对方最后的、唯一的"朋友"。

对于战俘你可以说,你已经将他写的信转交出去了,但他所谓的朋友并没有回复。在日常生活中,假设你问对方他的同谋现在在哪里,你可以说:"你的战友究竟在哪呢?我以为他是你的朋友,但他突然之间消失得无影无踪,对你不管不顾,让你一个人坐在这儿。"

如果你已掌握一定信息,你可以告诉对方,这些情报来自他的朋友,然后反问他:"你觉得你为什么会落到如此地步?"最后结语可以是:"你不欠这些家伙任何东西!"

唱好"黑脸"和"红脸"

单单表示友善还不足以得到真相,你还要使用以下技巧。优秀的审问员会让受到友善对待的受审者产生义务感,即想对其坦白。这时,我们应遵循一个适用于任何交流形式的德尔原则——相互原则。相互原则即,我邀请你去我的生日派对,你会立即觉得你下次办派对时也要邀请我。这是一项全能原则:只要别人友好地对待我们,我们就会对这个友好的人有义务感。有趣的是,重要的不一定是等价交换,更多的是笼统的义务感。

马修·亚历山大在以下案例中就用了这种方法。他向受审者阿布·伽马尔保证，可以让人将他写的信寄给他的妻子。之后，他开门见山地提了一个交换条件："我帮了你，所以现在你也得帮我。"这一方法成功奏效，阿布·伽马尔终于开口了。然而，亚历山大友好的举动甚至不是真的，他可能扔掉了那封信。

那么，这种方法对于日常生活的意义何在？你可以坦白关于自己的事情，使对方也坦白。如果你想知道对方对你的看法，你可以跟他说，你最初觉得他很内向，慢慢才认识到他是一个什么样的人。这时，对方很有可能也会吐露一些他的看法。

审问时，我们往往在不经意间就会使用相互原则。以下讲述的关于相互原则的应用，就像美国经典报纸连载漫画《姆特和杰夫》(Mutt & Jeff) 一样，在德国有个更广为人知的名字——"黑脸和红脸"。

《库巴克审问指南》为有两个审问员参与的审问写了一个详细的剧本。手册中写道："威胁型的审问员从一开始就大声说话；当受审者没有明显的坦白意愿，而只是绕圈子时，威胁型审问员会大声吼叫，打断对方的话，用拳头猛敲桌面。

此时，冷静型的审问员不应该无动于衷地看着，而是不动声色地让受审人知道，他也对自己的同事有所畏惧。被激怒的审问员继续指控受审者的其他行为，可以是任意一种行为，尤

第 4 章　关系处得好，坦白少不了

其是卑鄙、可耻的行为。他要让受审者深信，自己在他看来就是这个世界上最可恶的人。在愤怒的审问员情绪激动地长篇大论时，冷静的审问员打断道：'等等，吉姆，不要激动。'愤怒的审问员再立即冲他吼道：'闭嘴！这是我的案子！我已经啃了几块硬骨头，他的嘴巴我也一定会撬开！'"

现在，黑脸——威胁型审问员怒气冲冲地离开审问室。《库巴克审问指南》继续写道："一旦他身后的门关上，红脸就告诉受审者自己对刚才发生的事情感到很抱歉，并表示自己非常讨厌与这样一个人搭档，但他别无选择。如果这些讨厌的家伙有一天能冷静下来，给别人一个讲自己故事的机会就好了。"这时，受审者会觉得自己对这样一位友好的审问员有义务感，尤其这位审问员为了他不惜牺牲与搭档的关系时。

日常生活中，这种方法也往往能达到不可思议的效果，比如公司老板和人事主管的一唱一和：一个唱黑脸，在疯狂地指责一通之后满腔怒气地离开房间，给红脸留下完美的舞台，让他扮演受审者最好的朋友。或者夫唱妇随：你未成年的女儿告诉你她白天跟一个女性朋友在一起，而你却突然在市里看到她这位朋友跟其他朋友在一起，身边并没有她。晚上见到女儿，你可以与妻子（或丈夫）使用这种方法盘问她。

你的丈夫说话声音很大，对着女儿吼道："真让人失望！

这真的是最后一次!"你安抚他道:"我们都曾年轻过,都犯过错。"当他愤怒地冲出房间,"砰"的一声把门关上,你便可以对女儿说:"他真的很生气,但也有点反应过激。现在他走了,我们可以坦诚地聊聊了……"你觉得这样做心机太深?是的,但它确实很有效。

你也可以更巧妙地运用这种方法:"黑脸"完全可以态度友好,但很明显是在假装友好,同时提问一些一眼就能看穿的钓鱼式问题。这时,"红脸"登场,按照《库巴克审问指南》所写的剧本对"黑脸"说:"我们的目的不是引诱别人跳入陷阱,而是找出真相。我建议你现在出去,让我来接手这个案子。"这种做法与上文原理相同,只是黑脸不是大吼大叫,而是耍一个明显别有用心的花招。

回到关于女儿的例子中,唱黑脸的爸爸可以不大吼大叫,而是提出一个明显的钓鱼式问题:"说说吧,今天下午1:30~2:00之间,你跟你的朋友在哪儿?"唱红脸的妈妈可以紧接着说:"不要再问这样的问题了,对她公平点。"

你也可以将这种方法单独使用,但此时扮演黑脸和红脸的必须是同一个人,就像小说《化身博士》里人格分裂出来的善良的杰克尔博士和残暴的海德先生一样。怎么做?

简而言之,就是一人分饰两角。粗暴的审问员突然之间

第4章　关系处得好，坦白少不了

变得和蔼可亲，让受审者舒服地坐下，并递给他香烟和咖啡。《库巴克审问指南》中写道："审问员请受审者坐下，并表示很抱歉，之前因为受审者的顽固而不得不采取粗暴的方法。他告诉受审者，从现在起，一切将完全不同，现在要进行一场男人间的对话。"

在这种情况下，受审者对于审问员可能重回黑脸的担心是该技巧的关键所在。这一技巧最简单的用法是，审问者一开始像头愤怒的狮子，突然之间变成温顺的绵羊。

关系做纽带，仇人也坦白

格雷恩·卡尔写道："听起来很古怪，但审问和出卖情报跟爱情一样——建立在双方关系和信任的基础之上。"因为在整个审问过程中，你必须与受审者之间建立一条看不见的纽带，无论是在公共场合，还是在没有听众、没有打扰的环境下。

恐惧减弱法是指在整个谈话过程中保持友好，并且绝不回应对方可能的敌对行为。相反地，最好夸赞受审者（骄傲增强法），因为即使受审者的行为真的聪明至极，他也可能未曾获得过任何人的认可。

此外，在整个受审过程中，注意不要激起对方的愤怒。不要成为对方的敌人,而是成为他的朋友或表面上的同盟者。如果现场还有第二位审问员,你可以上演广受欢迎的黑脸和红脸戏码,最后让受审者觉得自己有义务对红脸说实话。如果只有你一个人在场,你可以先以黑脸扮相出场,然后突然变成红脸,使对方觉得对你有义务感。无论使用何种技巧,你都必须与受审者建立关系,因为这是你操控受审者的基本原理。

优秀的审问员必须与对方建立互信关系,同时保持与对方的内在距离。《库巴克审问指南》写道:"审问开始后,审问员必须在两个层面活动,必须试着同时进行两件看起来相互矛盾的事情:在与对方建立信任关系的同时,保持本质上置身事外的观察者身份。"但你的举止不能造假。

《库巴克审问指南》继续写道:"你的友善或愤怒必须是真实的,如此才能让对方信服。但这些感情在发挥作用时,不能影响你内心深处真正的、公正的观察。一个人在两个层面上活动,既不困难也不罕见。大部分人有时会同时具备行动者和观察者的双重身份。只有当你由于入戏太深而丧失观察能力时,这一方法才会失效。"

你要保持耐心。要知道,没有愚蠢的问题,只有愚蠢的回答。审问圈内流传着一个特别的、关于愚蠢的回答的例子:一位游客向一位当地人询问去市政厅的路,当地人告诉她,她必须在

第 4 章　关系处得好，坦白少不了

"曾经的儿童游戏场"右转。

　　让我们回到那对非同寻常的朋友身上——阿夫纳·雷斯和阿道尔夫·艾希曼。直到审问的最后，问及雷斯的家庭命运，艾希曼获悉了一个悲伤的事实——雷斯的父亲在最后一批被运往奥斯维辛集中营的柏林犹太人名单之中。此时，艾希曼才意识到，自己从不该幻想自己可以高枕无忧。艾希曼只说了一句话："首长先生，这太令人吃惊了。"他太晚认识到，他与雷斯之间的纽带只不过是幻想。艾希曼不是在特拉维夫出生的，但他应该会在那里死去。

牛津教授笔记

环境：没有听众，没有分神之物；或者在公共场合暗中进行。

恐吓一无所获，和善大有作为：保持友好，不要回应对方的敌意。

"吹"出真相：夸赞对方

别把对方惹毛了：平息对方的怒气。

"你的同伴已经出卖你了"：成为对方最后的朋友。

唱好"黑脸"和"红脸"：与一位同事合作，利用对方对你的义务感。

>>> 第 5 章

拆穿谎言，
生活从来离审问不远

生活中其实处处充斥着谎言。因此，从审问中提炼的拆谎技巧，在我们的日常生活中也应用广泛。随着你拆谎技能的逐步点亮，也许你会慢慢发现，生活从来离审问不远。

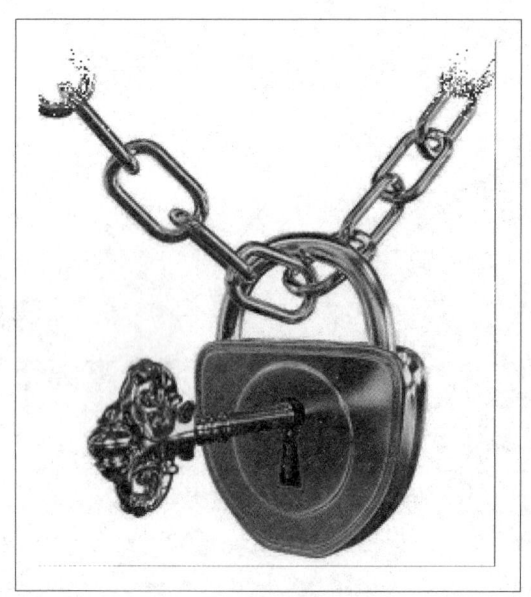

托尼·拉戈拉尼斯

审问散发着神秘的气息。外行人往往觉得，审问是拨开层层错综复杂的谎言，触及囚犯灵魂，找到开启秘密的钥匙的最佳途径。

第 5 章　拆穿谎言，生活从来离审问不远

那天，柏林是个晴天。那次的约会，我一反常态地早到了。因为约会对象是个不同寻常的人，我们在某次野餐时相识。那天我们玩了真心话的游戏，但她特别内向。她是个 25 岁左右的金发女孩，美丽、自信、特别。我的好奇心被激发了，但无论我怎么死缠烂打，她只告诉我：她为国家工作，职责是寻求真相。

无论我说什么，这个女孩都不再告诉我别的信息，但我们约定几天后聊聊她不同寻常的工作。我坐在柏林弗里德里希海因区的一家小咖啡馆等她。她走过来，头发闪闪发亮，皮肤被阳光晒成栗色，事情变得越来越有趣了。

我们一起来听听她的故事。在经历了运动员生涯和各种各样的工作之后，她在德国联邦国防

军队找到工作，不久以后又去了国防军的情报局。她是驻外审问专家，给我讲了关于军事情报局的情况。人们除了知道它隶属于联邦情报局之外，其他一无所知。她说，刑讯早已过时，但北约的联盟国仍用得不少，其中英国和荷兰的审问方式最为野蛮。然而，无论你喜不喜欢，军队都会使用一些在普通法庭上站不住脚的审问方法。但她认为，最有效的方法其实只有两种："虚张声势"和"打你一巴掌，再给你一颗糖"。

我当然想知道她所说的方法具体指什么。"虚张声势"是谎称自己有证据，而"打你一巴掌，再给你一颗糖"则是在友善和威胁之间摇摆不定。如何用所谓的证据与对方对峙？这与前文所述，用引诱性证据和对方进行策略性对峙并无不同。友善和威胁之间的过渡技巧是选择题，让对方在好选项和坏选项之间做出选择。

换言之，德国军事情报局最有效的审问方法与我所调查到的最有效的方法并无二致，科学表述即为"最大化"和"最小化"。正如第2章中所述，证据被最大化，而在制造理由和提出选择题时，过错却被最小化。

与她的谈话让我非常高兴。因为与我之前的作品相比，在这部作品中，我可以利用一些科学知识。如何利用呢？毕竟我们无法在实验中模拟真实的审问情景。如果要模拟，我们需要

第5章　拆穿谎言，生活从来离审问不远

两组人，而且得明确知道这两组人的真相，而这显然不可能。此外，即使在最完美的实验中，我们也无法模拟一个人否认事实的真实动机，比如贪婪、恐惧或仇恨。通过此次谈话，我还得知了一个更令我高兴的事实：在审问领域内取得辉煌成就的专家们所使用的方法，与本书的内容完全相同。

警察局提供的反映审问方法效率的数字也许最能证明这一点，因为那里是审问最多的场所，而且相对透明。美国心理学家理查德·雷奥也曾分析过哪些审问方法真正有效。他分析了警察对近182名嫌疑人的审问，其中大部分审问中，他与警察一同坐在审问室，也有一部分他是通过听录音带、查阅审问记录和效果进行深入了解的。很快，雷奥便分析出了以下方法（括号中是每种方法的成功率）：

1. 对良心的呼吁（97%）；
2. 揭露谎言（91%）；
3. 夸赞（91%）；
4. 提供道德或心理借口（90%）。

雷奥发现，警察使用的多为里德审问法，这种方法显然很成功。因为上述方法也就是本书第3～5章的内容：揭露谎言

等同于正面对峙，呼吁良心和道德借口等同于制造理由、提出选择题，夸赞等同于建立关系。

这些方法被证明符合逻辑并且绝对有效。本书所述的所有审问方法，其目的都是让受审者明白：说出真相于他最为有利。人们总会选择做对自己最有利的事情，但实际行为却不一定理智。因此，对受审者来说，招供不必真正最为有利，只需要在当时的情况下，相对最为有利即可。正如第 4 章中概括的 3 个招供理由：

1. 招供能消除刚刚产生的愧疚感；
2. 招供能让整个世界了解真相，不去相信荒诞不经的故事；
3. 招供能让你（受审者）重新开始。

这些理由正好可以为本书所述的大部分方法所用，因为它们都源于里德审问法。那为什么专业领域对里德审问法如此反感呢？因为这种方法太有说服力，以致经常会导致无辜者招供。人们怎么会承认自己没干过的事情呢？有很多原因：有些人会因为完全无关的事情或毫无理由地产生愧疚感，从而想通过惩罚将其洗刷干净；有些人因为精神分裂或吸毒等病态原因无法

第5章　拆穿谎言，生活从来离审问不远

区分真相和现实；还有些人想保护别人。

男性和女性招假供的原因也有差别：女性更多的是为了保护他人（通常是伴侣）；而男性则恰恰相反，往往是为了逃避拘留而招假供。有趣的是，男性为保护他人而招假供时，通常被保护的对象都是他们的朋友，而非伴侣。

但其余导致假供的原因都纯粹是因为审问方法不当：审问员让受审者以为，他只是忘记了自己做过的事，或者让他以为招供对他而言更为有利。里德审问法完全有可能导致这样的结果，尤其当警察的业绩取决于其获得的信息数量时。然而，我们常常忽略一个事实：与美国警察相反，只使用里德审问法的加拿大警察导致的假供数量极少。

审问界不分青红皂白地将里德审问法全盘否定，因为他们绝大部分只看到了招假供的危害，而没有看到这种方法取得的正面效果。他们并未深入研究哪些方法在寻求真相时最为有效，以及哪些方法在这方面毫无效用。因此，无论是警察局、情报部门还是军队，对于审问心理学都不是特别感兴趣。

虽然没有人质疑，但我们不可原谅地忽略了里德审问法在过错者身上的作用。可以说，其效果是独一无二的。这些方法不仅适用于专业的审问，还适用于日常生活中的审问。

如果掌握了本书中所述的方法，你就能很快学会如何辨别

过错者和无辜者的行为模式。无辜者不会与你讨论你所宣称的证据，也不会参与制造理由的过程，他的抗拒只会越来越强烈；但过错者会仔细聆听，反复斟酌该否认还是承认。当证据确凿时，陷入萎靡也是过错者的典型反应之一。

放下你的"傲慢与偏见"

永远不要表现出不耐烦的样子。因为一旦察觉到你不耐烦的情绪，受审者就以为只要咬紧牙关坚持一会儿，你就会精疲力竭地放弃。就像谈判一样，永远不要让对方看穿你时间紧迫，坚持是成功的关键。如果当时你脑子里真的一片空白，那就短暂地离开房间。但如果你觉得你们只是在原地打转，那就值得继续审问，即使只是再坚持几分钟。因为对方往往跟你有一样的感受，他也许很快就要放弃抵抗了。

每一个自愿接受审问的人基本上也愿意招供，就像每一个愿意接受约会的人基本上也愿意与对方交往。请注意，只有你选择的方法得当时，才会如此。如果你只是漫无计划地尝试，直到某一方法生效，那么你的做法十分危险。

《库巴克审问指南》写道："不恰当的措施会增强受审者的意志和反抗能力。"因此，从现在开始，审问任何人的时候都

第 5 章　拆穿谎言，生活从来离审问不远

要从一开始就选择正确的方法。即便如此，你也并不一定能取得成功，其实 80% 的招供率已经很好了。

一场审问应持续多久？心理学家约翰·皮尔泽和吉斯里·古德永松分析了警察审问的录音带，并得出以下结论：95% 的审问都在 1 小时内结束；80% 的审问持续时间不足 30 分钟。这并不意味着绝大多数受审者很快坦白，而是你在很短的时间内便用完了上述所有方法。他们的分析也表明：在这段很短的时间内运用的方法越多，审问就越成功。

此外，如果受审者没有立刻像机关枪般滔滔不绝，也并非坏事。因为他们立刻招供往往是为了隐藏其他更大的事情。因此，那些在你审问方法即将用完之时才姗姗来迟的招供，可能更有价值。

如果你单独与受审者在一起，对方招供的可能性明显更大。因为没有人喜欢在公共场合招供。虽然如此，当面临严重的法律后果时，受审者极有可能事后翻供。因此，对方首次招供后，你应该尽快找来第三个人。

为了不让受审者立即改变主意，需注意几点：首先，见证人不能说话，他应该看着审问员而不是受审者。其次，重复对方供词的重要部分，比如："麦尔先生说他拿走了收银台的钱，他对此并非早有预谋，而是因为自己和附近同事几周以来加了

无数班才一时犯错。"你需要重复一次对方的行为及动机,并表示对他的理解,这样,受审者便不会推翻供词。再次,问对方一些次要细节,让已经坦白的对方还有说话的机会。比如:"你之前跟别人讲过这件事吗?"

优秀的审问员不会在听到对方的坦白后,立刻转身离去,因为此时仍有机会获取更多信息。很多人在坦白后有继续说下去的强烈渴望。现在到了所谓的"后忏悔谈话"时间了。这是一次简单的谈话,用于询问对方促使他坦白的原因。在谈话中,你可以为将来的审问获得许多一手资料。

正如开篇所说,为了了解他们为什么招供,里德走访了监狱,在死刑犯的监牢里与他们聊天。本书所述的许多方法都是由此而来,里德曾亲口说这些谈话有着不可估量的价值,因为想要了解这些人的天性,只有通过这种方式才能做到。里德说:"一段时间后,审问员变得再也不会恨一个人,无论对方如何罪大恶极。这种态度是成功审问的最好前提。"

里德于1982年逝世,享年72岁。与其亦师亦友的弗雷德·英鲍称赞他:"他会与残忍的杀人凶手、纵火犯或猥亵儿童犯坐在一起,而不表现出任何恨意。因此,他也不会感觉到这些人对他有任何敌意,这与他的职业素养无关,是受审者感受到了他没有偏见的态度和对人性弱点的理解。因此,与其他表现出

第5章 拆穿谎言，生活从来离审问不远

恨意和反感的人相比，里德总是更容易让受审者招供。我认为，他称得上是有史以来最优秀的审问员。"

现在你已经了解了通过审问得到真相的最有效方法。你问我是否有所保留？比如出于道德原因？如果你想了解刑讯方法，我可以告诉你一种看起来最无杀伤力但却唯一有效的刑讯方法，即剥夺睡眠。这种方法经过了科学验证。科学界曾测试过剥夺一夜睡眠（21小时）和两夜睡眠（43小时）的效果。结果显而易见，剥夺睡眠的时间越长，受审者越容易受制于你。因为没什么力气反抗的人就会招供。

那么其他可怕的刑讯方法呢？难道没有效果吗？美国审问员托尼·拉戈拉尼斯说："压力、剥夺睡眠和寒冷，看起来对囚犯并没那么可怕，因为每个人都曾有过低程度的体验。但是极少人同时经历所有方法，甚至几乎从来没有人长时间地经历这些。我曾亲眼见过囚犯们是如何崩溃的。我记得他们的脸变得像木乃伊一样，眼睛变得毫无生气，反应变得迟缓，看起来毫无人类特征，就像有人用勺子挖走了他们的灵魂一样。"

那为什么这些方法仍像幽灵般在人们的嘴边游荡？因为它们的目标往往不是真相。正如拉戈拉尼斯所说，它们的目标是"得到供词，而不是获得信息。目标的本质变化导致了方法的变化。于是，刑讯开始了。"

很遗憾,这在历史上并非个例。刑讯的目标不是真相,而是招供。要知道,它们之间有着天壤之别。

时至今日,仍有为数不少的人相信刑讯,并认为它在道德上是正确的,这太可怕了。许多国家在数十年或数百年前,就已经开始使用刑讯,但很多公民现在显然对此表示赞成。我在本的案例中描绘的爆炸场景就是最好的例子:当恐怖分子嫌疑人在某处放置了炸弹时,为什么不能对他进行刑讯?拉戈拉尼斯说:"如果是在战争中,那么刑讯就会永无止境,因为到处都是炸弹。每个囚犯理论上都可能掌握能让美国公民幸免于难的情报,这一点无一例外。但如果我们接受了'为了拯救人的生命必须刑讯'的逻辑,那么每个囚犯都该被刑讯。"

相比杀人犯或性罪犯,对恐怖分子的刑讯为什么糟糕得多?你同样可以对恐怖分子进行刑讯,但一旦跨出刑讯的第一步,你就处于危险地带了。对他们的刑讯将在之后导致毁灭性的后果。因为被刑讯的恐怖分子会在审问结束后,对施虐者以及他们背后的整个制度恨之入骨。

相比之下,本书所述的大部分审问方法都很友好。但你完全不必担心自己会表现得过于温和。正如成功的谈判一样,外行人以为你必须冷酷无情,但事实往往相反。优秀的审问员就像优秀的谈判员一样,对事强硬,对人温和。借此,我们可以

第5章　拆穿谎言，生活从来离审问不远

让绑匪带我们找到人质，让求职者讲出他想进入公司的真实原因，让伴侣告诉我们他昨晚到底是如何度过的。

美国审问专家麦凯对此还提出了一个好建议："审问教给我们最重要的道理之一是：你在审问中的弱点就是你人性的弱点。受审者让你失去镇静的花招，通常在生活中也同样有效。"因此，我们要了解自己的性格弱点，比如不耐烦、紧张、愤怒等，然后让自己保持冷静。

无论你是想挖取更多信息的记者、必须解决某件案子的刑警、想更好评估员工的公司领导者，还是想知道伴侣或孩子对自己隐瞒了什么的普通人，本书所述的方法都能派上用场。虽然不同场合也许要采用不同的语言，但万变不离其宗。每个人达成目标的方法和方式本质上大致相同。

从幼儿园到太平间，我们毕生都在与人互动，我们想得到的只有真相。每次演讲完都会有人问我："我们想得到的总是真相吗？"也许真相并不一定总是我们想要的样子，但它仍值得追寻。因为只有了解真相，我们才能牢牢握住生活的缰绳，主宰自己的生活。

牛津教授笔记

表 5.1　访谈 & 审讯一览表

撬开"金口"前，准备好正确的问题	开场 目的问题 条件反射问题	直接开场 对比问题 开放式问题 连续性问题
"谎"路对峙，胜在气势	收集证据，事先调查	正面对峙
为嫌疑人找理由，百炼钢化绕指柔	道德上可接受的借口	倘若天堂有路，你走不走？
关系处得好，坦白少不了	建立关系第一步，环境是基础	"吹"出真相
钓鱼式问题	动机和怀疑问题 惩罚问题	你对谁讲过？ 你要凑份子吗？ 你说谎了吗？ 你认为结果会如何？ 你会怎么做？
以柔克刚，攻破"否认"之墙	任你巧言善辩，我自岿然不动	拆谎如戏，全靠演技
恐吓一无所获，和善大有作为	别把对方惹毛了	"你的同伴已经出卖你了"

211

附 录

CIA 的性格分类：测测你是哪种人

到目前为止，书中还未对不同人群的行为方式进行分类讨论，这并非偶然，因为本书建立在社会心理学基础之上，旨在研究人与人之间的互动，而非性格的差异。社会心理学认为，适用于所有人或至少适用于大多数人的全能心理机制确实存在，但个体之间当然是存在差异的。

比如，根据一位警察顾问的说法，有些受审者会什么都问不出来。"有些人不愿意或不能承认自己的过错。你经常要花费好几个小时，才知道你在对方身上只能白费力气。这些人绝不只是所谓的特别聪明的作案者。相反地，他们往往头脑简单、素质不高，属于不被任何事情或任何人说服、执拗地坚持撇清所有责任（即使责任非常明显）的人。"

审问界主要区分了两类人：感性人群和理性人群。感性的过错者会感到更强的愧疚感和压力。这时，精准地描述出他的感受，并与对方谈论，往往能收到奇效。理性的人则更容易被证据说服。

在《库巴克审问指南》中，你可以读到最有趣的受审者分类。这一分类的科学来源无从考证，但十分切合实际，并且经过了情报部门几十年的验证。因此，我想将它分享给你们各位。重新认识他人和自己，也许能让你们之间的互动变得轻松许多。

下面列举的分类系统并不能将所有受审者的性格归纳其中。有些受审者可能无法归于任何一类。正如其他分类系统一样，此分类系统也有相互重叠之处，所以，一些受审者的特征可能指向多个类别。因此，审问员必须始终注意，即使某个受审者的多项特征指向同一类别，他也不一定属于该类。即使特征分析完全正确，也只能为你了解对方提供参考，并不意味着你真正地了解他。

《库巴克审问指南》中根据性格特征区分的9类人如下：

1. 井井有条的顽固派

这类人的典型特征是知足、井井有条、冷漠。他们通常受

附 录　CIA 的性格分类：
测测你是哪种人

过良好教育，举止冷静而不冲动，行事符合逻辑且经过深思熟虑，通常需要很长时间才能下决定。他们极少牺牲个人利益，更多的是为了得到长远的个人利益而暂时牺牲。他们内向，信任自己的计划，坚信自己的目的是正确的（他们的目的往往是推翻当权者），极少信任他人。即使在他们佯装或说服自己配合审问时，也表现得很顽固。他们会对某些事耿耿于怀。

井井有条的顽固派认为自己高人一等。有时，他们的优越感来源于各种迷信和幻想，认为自己可以控制周围的环境。他们在道德上奉行自己的一套体系。为了满足自己的优越感，他们可以煽动别人不公平地对待自己。他们的典型做法是会给自己留一条后路以规避责任。

除此之外，顽固派还非常在意自己的财产，通常非常吝啬，什么都留着，重视规矩，总是很准时和整洁。金钱和其他财产对他们而言十分宝贵，因为他们将其视作自身的一部分。他们经常随身带着闪亮的硬币、纪念品、钥匙或其他对他而言有实际或象征意义的物件。

通常情况下，这类人在童年时表现为主动叛逆。他们总是与别人对他们的要求背道而驰。长大后，他们也许学会了掩饰自己的叛逆，开始表现为被动叛逆，但满足自己意愿的决心未曾变过。他们只是学会了在必要时绕点远路达到目标。长大后，他们往往能很好地隐藏对所有权威的敬畏和仇恨,这种情绪从儿时起就伴随左右,并且已经根深蒂固。这类人在审问中会很快毫无障碍地承认那些并非自己所做的事情,只是为了使审问者偏离轨道,转移审问者对某条重要线索的注意力(或者基于愧疚感,但这很少见)。

审问员在面对这类人时绝不应该扮演带有敌意的权威者。敲击桌面、不断说对方在找借口和说谎等威胁性的举动,只会唤起这类人对过去的恐惧,并触发惯有的自我保护机制。为了建立关系,审问员必须态度友好。房间和审问员本人的整洁可能非常有助于审问的顺利进行。这类井井有条的顽固派,经常收集硬币和其他东西。他们的这些爱好对于建立关系可能非常有帮助。

2. 乐观主义者

这类人几乎永远无忧无虑、冲动、多变、吊儿郎当。他们看起来总是过得很好,可以非常慷慨,将自己看重的东西赠予他人。他们追求享乐,遭遇压力时会很快投降。面对挑衅,他们为避免冲突宁愿走开,而不愿跟他人硬碰硬。他们深信,"肯定会出现什么"或"肯定会好起来",这是基于其不愿意承担责任、只愿相信命运会善待他的心理需求。

| 附　录 | CIA 的性格分类：
测测你是哪种人 |

这类人人生的初期阶段过得通常很富足。在多子女家庭中，他们往往是年纪最小的那个。母亲生他时年龄已经不小，接近更年期。如果这类人在儿童阶段的后期经历了巨大挫折，他们很容易成为易受刺激、报复心强和喜欢索取的人。

乐观派的受审者最善于回应友好和充满关爱的谈话。如果他们很谨慎，那么黑脸和红脸审问法往往能够奏效。施加压力和表现敌意只能让他们退缩，而温和却能让他们打开心门。

这类人通常要求审问员承诺，将审问员当成自己的保护神和问题解决者。需要注意的是，审问员在任何情况下都不应作无法兑现的承诺，因为报复心强的乐观主义者极有可能给你带来一系列麻烦。

3. 贪婪、喜欢索取的人

这类人如水蛭般黏在别人身上，并且一旦黏上就不再撒手。他们极其依赖他人，并且十分被动，总是期待别人主动关心他们、满足他们的需求。当觉得受到不公平的对待时，他们不会自己解决问题，而是尝试说服别人为他们承担责任，为他们拿起武器战斗。一旦发现选中的好心人让他们失败了，他们的忠诚就会立刻消失不见。

这类人中的叛国者会认为自己在故国受到歧视，但当他们到别的国家生活一段时间后，也会产生同样的感觉，因而再次反对当地政府或代表。这类人经常很悲观，报仇的愿望可能源于自己的内心，在极端情况下可能会自杀。

贪婪、喜欢索取的人通常在童年时缺乏关爱和安全感。长大后，总是在寻找能够代替父母的人来关心他们。他们看来，父母从未关心过自己。

审问员必须非常谨慎，一方面，绝对不能在心灵上伤害这类人，因为这必定会摧毁你们之间的关系。另一方面，审问员不能答应此类受审者的任何最后不能满足的要求。

这类人对于父亲或兄长般充满理解的语气也许会作出积极的回应。有时，你一个举手之劳就能让他看似无耻的要求得到满足。因为这个要求不是出于特别的愿望，而只是出于对安全感的需求。任何能表明你关心他的小证据都能让他安心。

面对这类人以及这里所列举的所有类型的人，审问员必须有界限意识，并且能够发现受审者通过理智的说服挖下的陷阱。如果审问员想用逻辑影响受审者，必须先确定对方的反抗是否真的基于逻辑。如果其反抗完全或大部分基于感情，那么用逻辑就很难说服受审者。如果其反抗大多基于理性，那么用逻辑说服就有很大可能成功。你要记住，基于感情的反抗只能通过感情化解。

4. 胆小的自我主义者

这类人虽然天生胆小，但一直在尝试掩饰自己的胆小。他们经常表现出莽夫的样子，碰到危险时喜欢表现得像没有危险般抵消自己的胆怯。这类人有可能是特技飞行员、马戏团表演家，或风流的诱奸者，他们必须不断向别人证明自己。

为了满足对认可和赞美的渴望，他们经常吹牛扯谎。如果是军人或警察，他们或许还要出示证明自己勇气的勋章。这种情况下，你或许会猜测，他们的英雄行为出于冒险带来的愉悦感和对认可、赞美以及掌声的期待。这类人说话时往往沾沾自喜，同时也很敏感。

有这些特征的人特别胆小。他们隐藏的恐惧感如此强烈的原因太过复杂、细微，无法在本审问指南中详解。

对于审问员而言，重要的不是这类人为何如此胆小，而是这类人隐藏的胆小让审问员拥有了成功控制他们的可能性。胆小的自我主义者想引起他人关注的愿望，通常很快就能被看穿。

忽视或嘲讽他们的自吹自擂或以一个命令句打断他们的滔滔不绝，然后直奔主题，可能会让他们心情变糟然后停止滔滔不绝。赞美他们的勇气并有意识地利用他们的沾沾自喜，往往能够取得成功，但前提是赞美要巧妙。

胆小的自我主义者不会说出重要事实，比如与敌方情报部门的联系等，但当感觉说出真相于己无害，同时审问员还强调敌方派如此勇敢的自己去完成准备工作如此糟糕的任务有多冷漠和愚蠢时，他们更容易敞开心扉。

揭露这类人微不足道的谎话和诡计会让你得不偿失。面对对方对勇气、猎艳成果或其他证明其勇气和男子气概的自吹自擂，最好的应对方式就是沉默或友好但没有法律效力的评价，只要不占用你太多时间。如果你在考虑采取某项行动，可以通过一些问题赢得这类人的帮助，比如："我在怀疑，你是否有勇气接受一项危险的任务。"

5. 深受愧疚感折磨的人

这类人对良心有严格和不现实的要求。他们毕生的追求好像就是经历愧疚感。有时，他们好像下定决心悔过，但有时无论发生什么，他们都坚持是别人的错。任何事件中，他们都一直寻求证据或表现出别人的错大过自己的样子。他们经常完全沉溺于证明自己受到了不公平对待。他们甚至可能煽动别人对他进行不公平对待，以抚慰自己的良心。

受到逼迫的运动员也属于这一类人。他们不以获胜为乐，反而在输了比赛时感到一身轻松。类似的还有招假供的人。有些人违法甚至只是为了可以承认自己的违法行为，然后受到惩罚。受虐狂同样属于这类人。

大多数愧疚感都出于受审者自己，或者其以为自己对父母或其他本该爱和尊重的人做了坏事。这些人小时候经常被骂或惩罚，但也可能是从来不被允许对人有敌意的模范小孩。

审问充满愧疚感的人很难，因为他有可能承认自己内心的敌对行为或其他与他完全无关但很重要的行为。审问员的指控可能会导致假供。受审者可能对控告保持沉默，并享受惩罚。

审问这类人时，不适合使用测谎仪。与被愧疚感占据的人打交道，每个案子都会有不同的要求，所以几乎无法找出具有普适性的基本原则。

如果审问员在审查阶段获得了受审者的情报，或者对受审者极度关注道德观念的事实有所了解，那么应该对受审者的性格类型做好心理准备，并在审问中谨慎处理具有道德意义的信息，并将这类信息当作主观感觉。愧疚感强烈的人在受到任何形式的指责时，更倾向于放弃抵抗选择配合，因为惩罚唤醒了他们心中的感恩。

6. 永远的失败者

这类人与深受愧疚感折磨的人很相似。他们不能承受成功，在人生的重要场合总是失败。他们经常遭遇意外，经常在前程一片光明的阶段，眼看就要完成重要任务、实现重要目标时，以失败告终。

不能承受成功的人会坚持自己的目标，只要它们还处于想象阶段。一旦它们即将成为现实，他们就放弃了。他们身边的人经常感觉，成功近在咫尺，但中间却总阻隔着什么东西。这东西就是之前所说的愧疚感。他们逃避成功的良心不允许他享受成功和认可。他们还经常把自己的愧疚感传染给他人，并坚信所有失败都是别人的错。这类人或许有强烈的受虐倾向，因此他们经常靠近危险。

审问这类一事无成的人，只要不让他们产生愧疚感或面对导致失败的原因，就没什么大问题。这种情况下，应该讨论的不是事实，而是他们的主观感觉。成功的审问员有判断这些感觉的能力。

7. 精神分裂者或奇怪的人

这类人大部分时候生活在想象的世界，经常不能区分现实和想象。与他们创造的神秘世界相反，现实对他们而言是空洞而毫无意义的。他们无法承受在真实世界的遭遇和挫折，因此缩回了自己的王国。

他们不能与其他人建立真正的关系，虽然他人对他而言有象征和个人意义。他们在年幼时可能生活在没有足够关爱的家庭中、孤儿院或类似的福利机构。童年时，他们与别人建立关系的努力被拒绝，后来产生了对关系的恐惧，进而变得封闭。

他们与群体或国家的联系并不稳定，或者说原则上具有短暂性。同时，精神分裂者需要外界的认可。虽然他远离现实，但却不想感觉孤单和被遗弃。

这类受审者很容易为得到认可而说谎。他们会为了一个微笑肯定而开口。这类人不总是能区分现实和想象，所以经常意识不到自己在说谎。但他们对认可的渴望却给审问员提供了良好的契机。揭穿谎言或其他蔑视行为，会导致所有审问场合中受审者的封闭。让这类受审者相信，说谎对他没有好处或者说实话对他没有坏处，往往能够轻易让他们说出真相。

与被愧疚感占据的人一样，测谎仪也不适用于精神分裂者，因为他们没有区分现实和想象的能力。因为无法面对现实，无法与他人建立关系，这类人作为特工也是不可靠的。

8. 宣称"我很特别"的人

这类人相信，这个世界对他们有所亏欠。他们通常认为自己在童年时期遭遇了巨大的不公，应该得到补偿。有时，这种不公是意外的、没有选择的命运打击，比如样子的丑陋、极度痛苦的疾病、童年时期的手术、失去单亲或双亲。这种平白无故的不幸让他们感觉，必须在某个人或某件事上得到补偿。因此，他们要求得到别人没有的特权。当这些要求被忽视或拒绝时，他们就会像叛逆的未成年人一样。在他们看来，这些要求对所有人而言都是理所当然的，所以每一次拒绝都是恶意的。

在审问中，他们经常提出过分的金钱要求、搬迁赔偿要求或其他远超他们贡献的要求。审问员在对这种要求进行模糊回应时，往往会被他们理解为同意。

在这里列举的所有类型中，这类人最容易将他们自以为的不公平对待公布出来或告上法庭。从根本上而言，面对宣称"我很特别"的人，最好的处理方式就是专注地倾听他们的控诉（在合适的时长内），并不要做任何不能完全履行的保证。如果这类人是敌方情报部门的倒戈者、双重间谍、坐探①，就会经常迅速暗示审问员，他们受到另一个情报部门的不公对待。与这类人合作时，要考虑他们对共同目标是否忠诚，否则，他们可能会"委屈地"背叛上级。

---

① 与某一集团成员或可疑分子联合从事阴谋活动的人，即秘密代理人。——译者注

9. 普通人

在普通人身上也可以找到前文所描述的性格特征。事实上,这类人有时会表现出上述大部分甚至全部特征,但不会让任何一种特征长期占据主导地位。顽固、不现实的乐观主义、恐惧和其他所有普通人具备的特征,往往都只能短暂地占据主导地位。此外,他们对周围环境的反应,会更多地受真实世界的影响。与这里所描述的其他类型的人不同,普通人受主观情况的影响较小。

致 谢

很多人问我是否还写书,答案是我必须写书。因为我会的东西不多:阅读、说话和写作。如果我不写书,就没有别的事情可做了。虽然写书会让我在很长一段时间内非常忙碌,因为书不是从天而降的礼物。

这部书对我意义非凡,它耗费的精力比我以往所写的任何一部书都要多。如果事先知道这一点,或许我会再考虑一下是否要请个写手。好了,不开玩笑了!即使本书涉及的参考文献看上去浩如烟海,但实际上只是我搜索工作的九牛一毛,因此我有很多次处于放弃的边缘,甚至差点告诉出版社"我不干了"。

所幸,我最后成功地完成了本书。为此,我要感谢 Campus 出版社编辑施特凡妮·瓦尔特。她考虑周到,认真细致,与新闻部的海克·克罗内贝格尔一起给了我莫大鼓励。乌里希·提勒在审稿意见中对我的文章做了精彩推荐，用他可靠的"废话测试仪"删除了太过含糊的文字。克里斯托弗·托马斯不仅是一位知名摄影师，也是个非常细致的家伙，他奉献了所有适合本书的素材。除此之外，我还要感谢约阿希姆·比朔夫斯和克劳斯·雪弗纳的封面设计。最后，非常感谢欧拉夫·迈尔博士带领的整个 Campus 出版社及出版人托马斯·卡尔·施沃拉，他们是我写作动力的源泉。

除了对本书直接付出努力的人，我还要感谢与我非常亲密的人：我的姐姐伊莎贝尔、我亲爱的母亲戴安娜、我的助理玛利昂·鲍克、苏珊娜·盖斯勒，还有约阿娜·舒尔茨，他们对我的默默支持和无私奉献，使我能够心无旁骛地安心写作。

特别要感谢我亲爱的特拉·理查德。我们曾一起骑着脚踏车在柏林寻找可供写作的咖啡馆。有一次，我的笔记本电脑还从咖啡馆的桌上摔了下来，硬盘被毁。如果当时没有特拉，我绝对不会重新开始，或许当天就跳进了施普雷河。

雅克·纳斯海

慕尼黑，2015 年 2 月

"iHappy书友会"会员申请表

姓　名（以身份证为准）：_____；　性　别：_____；
年　龄：_____；　职　业：_____；
手机号码：_____；　E-mail：_____；
邮寄地址：_____；　邮政编码：_____；
微信账号：_____（选填）

请严格按上述格式将相关信息发邮件至中资海派"iHappy书友会"会员服务部。
　　邮　箱：szmiss@126.com
　　微信联系方式：请扫描二维码或查找zzhpszpublishing关注"中资海派图书"

	订阅人		部门		单位名称	
优惠订购	地　址					
	电　话				传　真	
	电子邮箱			公司网址		邮编
	订购书目					
	付款方式	邮局汇款	中资海派商务管理(深圳)有限公司 中国深圳银湖路中国脑库A栋四楼			邮编：518029
		银行电汇或转账	户　名：中资海派商务管理(深圳)有限公司 开户行：招行深圳科苑支行 账　号：81 5781 4257 1000 1 交通银行卡户名：桂林　　　卡　号：622260 1310006 765820			
	附注	1. 请将订阅单连同汇款单影印件传真或邮寄，以凭办理。 2. 订购单请用正楷填写清楚，以便以最快方式送达。 3. 咨询热线：0755－25970306转158、168　　传　真：0755－25970309转825 E-mail：szmiss@126.com				

→利用本订购单订购一律享受九折特价优惠。
→团购30本以上八五折优惠。